A. J. REINACH

LA
QUESTION CRÉTOISE
VUE DE CRÈTE

« Ἡμεῖς δὲν θέλομεν οὔτε Ἀγγλους
οὔτε ἡγεμονίαν, θέλομεν τὴν ἔνωσιν τῆς
πατρίδος μας μετὰ τῆς ἐλευθέρας Ἑλ-
λάδος· διὰ τοῦτο καὶ ἐχύσαμεν ποτα-
μοὺς αἱμάτων. »

*Réponse des insurgés Crétois à l'amiral
anglais Stuart, le 6 avril 1841*

PARIS
LIBRAIRIE PAUL GEUTHNER
68, RUE MAZARINE, 68
1910

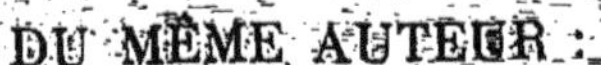

DU MÊME AUTEUR :

L'Origine du Pilum, extrait de la *Revue archéologique*, Leroux, 1907.

L'Égypte préhistorique, extrait de la *Revue des Idées*, Geuthner, 1908.

Bibliographie homérique dans A. van Gennep, *La Question d'Homère*, Mercure de France, 1908.

Bulletin annuel d'épigraphie grecque, I, Leroux, 1909.

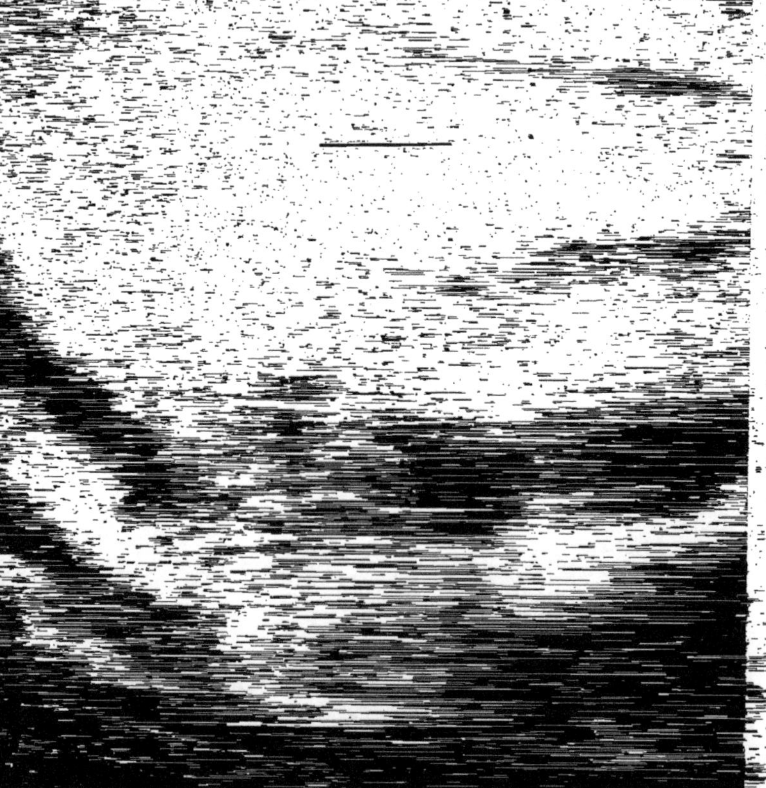

LA
QUESTION CRÉTOISE

MAÇON, PROTAT FRÈRES, IMPRIMEURS.

A. J.-REINACH

LA
QUESTION CRÉTOISE
VUE DE CRÈTE

« Ἡμεῖς δὲν θέλομεν οὔτε Ἄγγλους
οὔτε ἡγεμονίαν, θέλομεν τὴν ἕνωσιν τῆς
πατρίδος μας μετὰ τῆς ἐλευθέρας Ἑλ-
λάδος· διὰ τοῦτο καὶ ἐχύσαμεν ποτα-
μοὺς αἱμάτων. »

*Réponse des insurgés Crétois à l'amiral
anglais Stuart, le 6 avril 1841.*

PARIS
LIBRAIRIE PAUL GEUTHNER
68, RUE MAZARINE, 68

1910

Les pages suivantes ont été écrites en majeure partie au terme d'un séjour de quatre semaines en Crète et sur le chemin du retour, à la fin du mois de juin 1909. Pendant cette période où la question de l'évacuation était la préoccupation générale dans l'île, quiconque a pu causer avec les Crétois tant des villes que des campagnes et parcourir leurs journaux [1], ne pouvait conserver d'illusion sur les conséquences que cette évacuation entraînerait. Si les Puissances la considéraient seulement comme l'exécution d'une promesse renouvelée à plusieurs reprises depuis 1906 et comme une preuve de confiance donnée aux Crétois, les Crétois y voyaient le dernier et le plus décisif de tous les actes par lesquels les Puissances, qui avaient reçu leur île en dépôt alors qu'elle n'était encore qu'une province privilégiée de l'Empire Ottoman, l'avaient transformée en État autonome et maître de ses destinées sous leur haut contrôle. Que cette destinée les poussât à l'union avec la Grèce, aucun Crétois n'en doutait. Proclamée à chacune de leurs insurrections depuis 1823, l'Union l'avait été en octobre 1908, d'une

1. Les plus importants sont le *Kéryx*, représentant les opinions de M. Vénizélos, et l'*Idé*, organe de M. Michélidakis.

façon qu'ils considéraient comme définitive. Si les Puissances ne l'avaient pas reconnue alors, elles n'avaient rien fait non plus pour la désavouer ni pour rétablir l'état de choses antérieur. Non seulement dans leurs *Notes* et leurs *Proclamations* depuis 1898, bien des phrases se prêtaient aux espérances des Crétois ; mais, à ne considérer que les actes, que valait l'unique drapeau turc, isolé sur l'îlot de La Sude, contre la nomination du Haut-Commissaire accordée au roi de Grèce et les officiers grecs appelés pour commander la milice et la gendarmerie ? Bien plus, depuis la Révolution de 1908, tous les soldats et fonctionnaires avaient prêté serment au roi de Grèce, son drapeau flottait sur la plupart des monuments publics et l'île était administrée en son nom.

Non seulement les Puissances n'avaient rien empêché, mais, sollicitées en octobre 1907 de reconnaître l'Union, elles avaient annoncé qu'elles ne seraient pas éloignées d'envisager avec bienveillance la discussion de cette question avec la Turquie si l'ordre était maintenu dans l'île et la sécurité de la population musulmane assurée [1]. C'est pour garantir cette sécurité et pour assurer cet ordre qu'elles avaient déclaré maintenir leurs contingents. L'évacuation ne signifiait donc pas seulement pour les Crétois que les Puissances les considéraient comme en état de garantir eux-mêmes le respect des lois ; sa date devait être celle où s'ouvriraient avec la Turquie les négociations qui devaient régler leur sort.

1. Réponse adressée par les Consuls des quatre Puissances le 15/28 octobre 1908.

Quand la proclamation du 15 juillet annonça que des stationnaires pourvus de leurs corps de débarquement remplaceraient les troupes d'occupation, et que les négociations avec la Turquie étaient renvoyées « à un moment plus opportun », on comprend la désillusion profonde qu'en durent ressentir les Crétois. Malgré les conseils de prudence et de patience que leur prodiguait le gouvernement provisoire et que le gouvernement grec ne leur épargnait pas, il était inévitable que les avis les meilleurs se montrassent impuissants contre des aspirations nationales aussi invétérées. Les Puissances, qui n'avaient rien fait pour les décourager, auraient dû prévoir la crise qui éclate aujourd'hui. Leurs troupes présentes, le gouvernement provisoire eût sans doute pu maintenir le *statu quo* ; l'évacuation achevée, il n'a pas tardé à être emporté par les éléments plus avancés et l'on doit craindre qu'il n'en soit de même de tous ceux qui essayeront de tempérer l'ardeur de leurs compatriotes. Aucun des derniers événements qui se sont passés en Crète, événements dont les journaux se sont montrés surpris ou indignés, ne peut étonner qui a suivi de près leur développement.

Sans doute, dans une question aussi complexe où tant d'intérêts sont en jeu, il serait injuste de prétendre que c'est la méconnaissance de l'état matériel et moral de la Crète elle-même qui a causé la gravité de la crise actuelle. Si elle est loin d'en être la cause unique, elle n'en est pas moins un des facteurs les plus importants ; si les ministres intéressés ont sans doute été suffisamment informés par leurs agents, l'opinion

publique, en France du moins, est restée plus indiffé-
rente qu'il ne convient à cette question crétoise qui,
malgré la petitesse de l'île, pose et résume toute la
question d'Orient.

C'est pourquoi il ne paraît pas inutile d'apporter ici
les impressions d'un témoin sur l'état de choses en
Crète et sur les sentiments qu'y ont développés les
attitudes diverses des Puissances, tels qu'on a pu les
constater il y a deux mois. On verra comment, entre
les prétentions également légitimes des Crétois et des
Turcs, les incertitudes des Puissances ont contribué à
rendre la situation plus difficile encore. Quelque difficile qu'elle soit, la solution finale ne saurait faire de
doute. La volonté de près des neuf dixièmes de la
population de la Crète ne peut manquer de réaliser
son objet. Le rôle des Puissances protectrices doit être
de préparer les voies de cette réalisation de façon à
respecter les intérêts véritables de la Turquie. Ces
intérêts bien entendus ne peuvent manquer de s'accorder avec ceux mêmes de la civilisation en Orient.

La Canée, 15 juin 1909.

Saint-Germain-en-Laye, 18 août.

LA QUESTION CRÉTOISE

VUE DE CRÈTE

I

SITUATION MATÉRIELLE ET MORALE DE LA CRÈTE [1]

Dans tout ce qui a été écrit sur la question crétoise, on semble avoir trop négligé l'état même où l'île se présente au sortir de dix ans de tranquillité relative et d'indépendance presque absolue.

C'est pourtant un fait statistique qui domine la question : le recensement de 1881 accuse 73.224 Musulmans contre 205.010 Chrétiens, le recensement de 1901, 33.496 Musulmans contre 303.543 Chrétiens, et tout induit à croire que le nombre des Musulmans n'a pas cessé de diminuer [2].

---

1. Les deux premiers chapitres de la présente brochure ont paru dans *La Revue* du 1er et du 15 septembre 1909, le troisième dans *La Revue des Idées* du 15 octobre. Ils sont réimprimés ici avec quelques corrections et additions.

2. Les Musulmans sont presque tous concentrés dans les villes: 9.200 à La Canée contre 10.000 Chrétiens, 5.600 à Rhétymno contre 4.100 Chrétiens, 11.800 à Candie contre 10.000 Chrétiens, 500 à Sitia et autant à Hiérapétra.

En même temps que les chrétiens de Crète ont pris conscience de leur nombre, ils ont pris conscience de leur force et de leur richesse.

La Crète est, avant tout, un pays agricole. Quelles que soient les richesses minières que peuvent recéler ses montagnes — les légendes antiques qui placent en Crète les inventeurs de la métallurgie doivent avoir quelque fondement et les Vénitiens exploitaient encore des filons argentifères — ce sont les champs, les vergers et les pâturages qui resteront sa principale ressource. Les emblavures ne s'étendent pas seulement sur les côtes basses et dans les grandes plaines d'alluvions dont la Messara est la plus célèbre ; il n'est pas de crique de montagne qui n'abrite en son fond — souvent un ancien lac desséché — champs de blé, d'orge et d'avoine que l'on moissonne dès le début de juin ; les courges tant aimées des Crétois y voisinent avec les pommes de terre introduites depuis vingt ans. Les arbres fruitiers les plus répandus, oliviers et caroubiers, poussent partout, dans les fonds comme sur les pentes. Si la latitude de l'île comporte les fruits du Midi, son altitude permet à tous les arbres de l'Occident de pousser sur ses terrasses. En s'élevant le long d'une montagne, on peut partir des orangers, des mûriers, des figuiers et des cédratiers, remonter une gorge où les platanes s'élèvent parmi les lauriers-roses, serpenter sur les terrasses où poiriers, pommiers, amandiers, cognassiers se mêlent aux oliviers et aux caroubiers, parmi des pâturages aussi beaux que ceux de la Suisse, gravir les pentes où s'étagent les vignes qui fournirent jadis le Malvoisie, arriver enfin aux sommets : les pins y dominent seuls la broussaille de thym et d'asphodèles où butinent les abeilles.

Malheureusement, dans ce pays si admirablement disposé par la nature, la culture est restée rudimentaire. Le dépiquage se fait encore par un traîneau de bois garni de pointes de silex ; la faux est presque inconnue et l'on coupe à la serpe les épis clairsemés. Le jour où sera introduit l'usage des engrais chimiques et des machines agricoles, le jour où quelques bonnes routes rejoindront aux ports les bourgs de l'intérieur, la Crète pourra devenir un des grands fournisseurs du Levant en céréales et en primeurs. Comme, depuis un demi-siècle, Musulmans et Chrétiens ont surtout fait porter les représailles sur leurs oliviers respectifs, le Gouvernement a dû s'occuper tout d'abord de remplacer les arbres disparus par centaines de mille. Grâce aux avances (plus de 3 millions) faites aux propriétaires par la Banque de Crète, on voit partout aujourd'hui s'élever les jeunes plants. Le développement de la banque agricole, l'immatriculation des terres et l'établissement d'un cadastre, l'institution d'écoles d'agriculture devraient être les principaux soins de tous ceux qui administreront la Crète.

Au point de vue commercial, le progrès n'est pas moins sensible. De 1904 à 1908, l'importation est montée de 14 à 21 millions ; l'exportation de 7 à 18 millions, le mouvement des navires de 2.225 à 2.700 environ. On sait que la principale exportation de l'île est tirée de ses oliviers, olives et huile comestible, huile pour graissage, grignons et huiles de grignon ou de savon qui, à cause de l'insuffisance des procédés d'extraction, ne s'exportent que dans l'Archipel, l'Égypte et la Turquie. Les caroubes viennent ensuite ; la Crète en est avec Chypre la grande productrice, et les dirige en France pour une moitié, en Russie, en Autriche, en Italie pour l'autre. Presque sur la même ligne que les caroubes et les olives figurent les cédrats ; les peaux, surtout celles des chèvres et des moutons, sont réparties dans tout l'Orient ; les fromages de Crète sont appréciés sur le marché de Constantinople ; le miel, les pommes et les poires du Lassithi sur celui du Caire, les cocons du Mirabello sur celui de Beyrouth. En retour, la Crète doit tirer du dehors tout ce dont elle a besoin, en fait d'étoffes et d'objets métallurgiques ; des produits d'alimentation, sel, sucre et café figurent aussi pour une bonne part dans les importations ; il faut y ajouter les farines et céréales venant tant de Russie que d'Égypte. Pour ces denrées essentielles, la Crète cessera d'être tributaire de l'étranger sitôt que de bonnes routes rejoignant les vallées intérieures permettront aux blés de descendre sans trop de frais jusqu'à la côte. Quand des plaines aussi fertiles que la Messara seront véritablement mises en valeur, la Crète pourra même devenir exportatrice de céréales.

La question commerciale, comme la question agricole, est donc étroitement liée à celle des travaux publics.

Si l'on a pu quadrupler les crédits depuis 1898 où ils n'étaient que de 98.000 drachmes, leur continuelle variation entre 250.000 et 450.000 drachmes accuse une absence de programme d'ensemble qui n'a pas manqué d'être pernicieuse. C'est trop souvent pour se concilier tel ou tel député qu'on a commencé ici une route bientôt arrêtée, établi là un pont où ne mène aucune route. Tandis que l'ensemble des sommes dépensées pour lés travaux publics de 1898 à 1907 atteint 3.443.963 dr., on a ouvert sur ce chapitre dans le budget de 1908 un crédit de 1.748.152 dr. Disons tout de suite que l'absence d'une main-d'œuvre suffisante, d'ingénieurs et de plans, l'incertitude aussi de la situation n'auront permis d'employer qu'une partie de cette somme [1]. Ce n'est pas moins l'honneur du gouvernement crétois d'avoir senti la nécessité d'un grand effort.

Si elle peut faire un effort qui promet d'être aussi rémunérateur, c'est que, depuis 1904, la Crète est sortie des déficits chroniques; les excédents de la période 1905-1907 lui ont permis de les combler et d'équilibrer son budget de 1908 par 5.687.325 dr. de recettes contre 5.624.388 dr. de dépenses [2].

1. Pourtant le rattachement télégraphique des quatre villes de l'Est, Néapolis, San-Nikolou, Sitia, et Hiérapétra est en bonne voie ainsi que l'amélioration des routes que longeront les poteaux du télégraphe.

2. De ces recettes, on demande à peine 2 millions aux impôts directs; tout le reste est fourni par les impôts indirects, des monopoles de l'État, comme le tabac, les postes et télégraphes, des droits de timbre et de port, de douane et d'octroi, des ventes ou affermages de terres publiques : autant de taxes dont le contribuable s'aperçoit à peine.

Une surtaxe de 3 %, sur les importations dont le produit est destiné à indemniser les habitants qui ont eu trop à souffrir de l'insurrection de 1896-97, a été accordée, en 1898, par les Puissances pour une période de dix ans.

La surtaxe a donné pendant cette période 4.156.158 dr. dont 1 million a été affecté aux indemnités dues aux étrangers, près de 2 millions versés à des indigènes et le reste déposé à la caisse de

Les quatre Puissances s'étant accordées pour ne pas réclamer d'intérêts du million que chacune d'elles a avancé à la Crète (versements en 1898, 1901 et 1902) et le monopole du sel suffisant à éteindre le million et demi dû à la Dette Ottomane, la Crète se trouve pratiquement libre de toute dette publique.

Sur la répartition des dépenses, je ne puis m'étendre ici. On en trouvera l'exposé le plus détaillé dans le projet de budget pour 1908 rédigé par le Conseiller aux Finances, E. Modatsos. Je me bornerai à quelques remarques : d'abord grâce au peu de cherté de la vie et au peu de besoins des habitants, le peu que coûte à la Crète son administration centrale, à peine 15.000 dr.: les ministres donnent le bon exemple en se contentant de 500 dr. par mois ; un préfet reçoit 300 ou 360 dr., un président de cour d'appel 400, un président de tribunal de première instance 330, un trésorier 150 ou 200, un administrateur des douanes 250, un lieutenant de gendarmerie 290 ou 230. Après les dépenses militaires qui s'élèvent à près de 2 millions et celles de l'instruction publique à près d'un million, on s'étonnera peut-être de voir venir celles de la justice avec près de 700.000 dr. C'est un résultat direct des années de troubles, suivies de l'émigration des Musulmans des campagnes soit dans les villes, soit hors de Crète. Même d'Asie Mineure tous ceux qui ont quelques ressources continuent à plaider ; dans les régions

bienfaisance ou à la banque de Crète. Ces indemnités ont fait beaucoup pour l'apaisement du pays et son relèvement économique, et il est heureux que les Puissances aient accordé le prolongement de la taxe pour une nouvelle période décennale.

d'où ils sont partis en masse, comme celles des golfes de Mirabello et de Sitia, un fonctionnaire spécial est employé à traduire les actes qui viennent de Turquie et à y répondre. Tout le papier timbré et tous les frais de justice, rapportant près de 500.000 dr., suffiraient presque à couvrir les dépenses de l'administration judiciaire. Après la justice viennent les travaux publics avec un budget variant entre 300 et 450.000 dr. J'en ai déjà indiqué les *desiderata*.

Plus nombreux encore seraient les *desiderata* du côté de l'hygiène publique : heureusement le climat est l'un des plus sains et des plus vivifiants. Même dans les basses plaines côtières, le long des côtes d'Hiérapétra ou de Dibaki, où les miasmes sont redoutables aux Européens, l'accoutumance séculaire a agi sur les indigènes comme un *virus*. Le plus pressé était de débarrasser l'île des lépreux. On les a réunis sur l'îlot de Spinalonga — dernière forteresse des Turcs comme des Vénitiens — où leur entretien absorbe 58.000 des 76.600 dr. du budget de l'hygiène publique. Peu de spectacles sont aussi impressionnants que cette sorte de Gibraltar abandonnée, peuplée seulement de 150 lépreux. Entre les grandes bâtisses qui tombent en ruines, ils errent, ruines humaines où l'horrible maladie s'étale à tous ses degrés, depuis les enfants encore indemnes jusqu'aux vieillards dont les membres s'atrophient et la peau se putréfie. Et ils semblent vivre, sinon heureux, du moins insouciants, inconscients de leur mal !

Les dépenses de l'Instruction publique, nous l'avons dit, montent à près d'un million, près du cinquième des revenus de l'île, et nul argent n'est plus utilement employé, nulle dépense plus nécessaire.

Même aux plus beaux jours du monde antique, les montagnes de la Crète n'ont jamais été le siège d'une culture bien développée. Ni Byzance, ni Venise n'ont rien fait pour la favoriser. Cependant, à la fin du xve siècle, venant de la plus importante des possessions grecques qui restaient aux Vénitiens, les Crétois ont joué un certain rôle dans la renaissance des études grecques en Italie. Les Vénitiens ont laissé alors se développer librement les écoles de village, écoles dont, en général, le *papas* était le seul maître. Parfois quelques communes se groupaient pour rétribuer un *didaskalos*. La charge s'héritant de père en fils avec le nom, nombre de familles crétoises portent les noms significatifs de *Papadakidès* et de *Daskalidès*.

Jusqu'en 1868, la plupart des Crétois se bornèrent à apprendre dans de pareilles écoles la lecture et les quatre règles de l'arithmétique. C'est seulement par le règlement organique qui mit fin à la grande Insurrection de 1866-1868, que les Crétois obtinrent le droit d'installer des écoles sur le modèle de celles de Grèce où l'on enseignait non pas uniquement à lire et à écrire, mais des notions d'histoire, de géographie, de physique et de mathématiques.

Trois gymnases furent fondés sur le modèle de ceux de Grèce : à Candie, La Canée et Néapolis, défrayés par des contributions volontaires et surtout par les monastères.

Ce n'est qu'au lendemain du pacte de Halépa qu'une loi sur l'instruction publique fut votée par l'Assemblée en 1881, grâce aux efforts du gouverneur Phôtiadis-pacha et d'A. Michélidakis, le président du gouvernement provisoire, alors directeur du gymnase de La Canée. L'instruction étant obligatoire pour tous les enfants de 6 à 12 ans, une école devait être établie par 100 foyers ; ces écoles primaires (524 en 1889) comprenaient deux degrés, le premier pour plus, le second pour moins de 80 élèves. Les gymnases existants furent maintenus ; un collège nouveau créé à Rhétymno.

Les désordres qui éclatèrent bientôt ne permirent pas à cette loi de porter tous ses fruits. La statistique de 1900 accuse encore le chiffre formidable de 218.344 illettrés (130.000 femmes, 88.000 hommes dont 13.091 Musulmans) sur 303.543 habitants. Le gouvernement du prince Georges ne se déroba pas à cette grande tâche. On manquait surtout de matériel d'enseignement et de personnel enseignant : des 524 écoles, 134 ne fonctionnaient pas faute de maîtres. Pour subvenir aux frais du matériel, chaque élève dut payer 1 dr. par semestre ; pour former le personnel, un grand séminaire (didaskaleion) fut créé. Dans l'enseignement secondaire, auquel répondaient, au premier degré les écoles helléniques (22 en 1908-1909), au second degré les gymnases de La Canée et de Candie et les demi-gymnases de Rhétymno et de Néapolis, de nombreux professeurs affluèrent du reste du monde hellénique, de la Grèce surtout. C'est à l'Université d'Athènes que les jeunes Crétois viennent, de plus en plus nombreux, rechercher l'enseignement supérieur et tous les programmes en usage en Crète sont ceux de la Grèce. Or, cet enseignement identique à celui de la mère-patrie se donnait en 1900-1901 à 29.022 élèves, en 1903-1904 à 36.086, à 40.750 en 1908-1909 (dans les 611 écoles et les 4 gymnases) [1]. Et déjà la proportion des gens sachant lire et écrire a passé de 24 — le chiffre de la Bulgarie — à 30 °/₀ (34 °/₀ en Grèce, 44 °/₀ en Italie). Autrement dit, on ne se trouve plus aujourd'hui, comme jadis, en présence d'un peuple presque totalement illettré, chez qui l'hellénisme n'était qu'un sentiment vague, une tradition lointaine, une protestation surtout contre les violences ou les exactions des Musulmans, un peuple dont on pouvait attribuer à des meneurs toutes les manifestations politiques. En dix ans, l'éducation grecque lui a refait une mentalité toute grecque, grecque sans rien de l'esprit moins exclusif et plus indolent des Grecs du Levant, mais avec toute la conviction, toute l'ardeur des Grecs de Grèce. Et l'école, pour les petits Crétois, qui ne la connaissent guère que depuis dix ans, n'est point, comme elle l'est trop souvent ailleurs, une de ces corvées où l'on se rend avec le désir d'y passer le moins de temps possible et d'y travailler aussi peu que possible.

1. Correspondant aux 22 écoles helléniques, La Canée, Candie, Rhétymno, Néapolis, ont chacune son Institut de jeunes filles. Dans l'enseignement primaire, les statistiques de 1908-09 accusent 165 écoles de filles contre 446 de garçons pour les chrétiens, 4 de filles contre 14 de garçons pour les musulmans. — Avec le séminaire pédagogique, les gymnases, les 22 écoles helléniques, les 4 instituts de jeunes filles, les 629 écoles primaires (dont 18 musulmanes), le budget de l'instruction publique atteint, en 1908-9, 938.310 dr. (dont 67.728 pour les écoles musulmanes). En 1900, ce budget était de 534.396 drachmes.

Bien qu'ils aient parfois deux heures de marche avant d'arriver à l'école et bien qu'ils n'aient le plus souvent qu'une croûte de pain à casser entre les classes du matin et celles de l'après-midi, ils y vont la tête haute, le rire aux lèvres, toujours propres et proprement vêtus, soigneux et fiers d'eux-mêmes, dans la pleine conscience de l'avantage et de l'honneur que l'instruction sera pour eux. Dans les districts de l'Ouest, où domine le type blond à yeux bleus, combien de fois, en rencontrant les bandes de ces petits écoliers marchant allègrement le sac au dos et qui ne manquent jamais de saluer poliment le voyageur, combien de fois n'ai-je pas eu l'impression de me trouver en une de ces campagnes allemandes où des enfants du même type se rendent du même pas à la fois joyeux et digne vers l'école, cette école qui leur permettra de ne pas rester, comme leurs pères depuis tant de générations, attachés à la glèbe, loin de ces carrières commerciales ou libérales qui, de tous temps, ont été le rêve des Hellènes !

Beaucoup d'entre eux ne se contentent pas de l'enseignement primaire. L'affluence est telle au gymnase de Candie qu'il va falloir le scinder. Même, dans une grosse bourgade comme l'est Néapolis (4.600 habitants), centre d'une des plus belles régions agricoles de la Crète, les fils des paysans peuplent, dans le gymnase, quelques-unes des classes les plus attentives et les plus laborieuses que j'ai vues. Et quels sacrifices les parents ne s'imposent-ils pas pour envoyer au gymnase leurs fils désireux d'embrasser une carrière libérale ! Je me rappellerai toujours avoir fait la longue montée de Myrtos à Mourniès à la suite d'une troupe de paysans poussant leurs mulets ou leurs chevaux chargés de blé. L'un d'eux, d'une carrure superbe malgré ses cheveux et sa barbe déjà gris, arquait à peine ses robustes épaules sous un sarrau bleu, vingt fois rapiécé ainsi que ses larges braies de même étoffe.

Aux tresses de ses cheveux ramenées sous un haut bonnet on reconnaissait le papas. Je lui demandai pourquoi, en plein midi, pasteur d'un gros village, il traînait lui-même son mulet chargé du produit de son champ. Me reconnaissant à mon accent, il me répondit en français : « J'ai un fils au Gymnase de Candie », et comme je m'informais d'où il avait appris le français : « Quand le petit revient en vacances, il apporte ses livres ; j'apprends alors un peu. Mais je commence trop tard. C'est lui qui sera un savant, un vrai *hellinos*. » Toute formée par la culture grecque, la nouvelle génération n'a qu'une volonté : apporter à la Grèce vieillie avant l'heure les forces nouvelles que ses montagnards, à peine sortis de la barbarie, sentent bouillonner en eux. Faciles à l'illusion comme tous les peuples jeunes et sûrs d'eux-mêmes, ils pensent régénérer la Grèce par l'effort de leurs énergies.

Ajoutons que les Crétois ont su comprendre l'importance des trésors que renferme le sol de l'île de Minos. Jadis, sous les auspices du vaillant Dr Hatzidakis, son président depuis 1884, — aujourd'hui directeur du service des Antiquités — la « Société pour l'Encouragement des Sciences » a préservé ce qu'elle a pu des antiquités de l'île et commencé les collections qui forment le fond du musée de Candie ; un jour, il a fallu presque une insurrection pour empê-

cher *les lois de Gortyne* de partir pour Constantinople !
Les Crétois n'ont pas seulement encouragé les fouilles
anglaises, italiennes, américaines et françaises ; ils en
ont entrepris à leur propre compte et, surtout, en joi-
gnant leurs ressources à celles qu'ils devaient à la libé-
ralité d'un Français, ils ont élevé à Hérakleion (Candie)
un Musée digne de recevoir les merveilles laissées par
la civilisation minoenne. Ce Musée unique n'est pas
seulement un monument élevé à la gloire passée de
l'île ; c'est aussi un élément de sa prospérité future,
tant le Musée de Candie comme les palais de Knos-
sos ou de Phaestos, les villes de Palaikastro ou de
Gournia d'où viennent la meilleure partie de ses trésors, attirent déjà de savants et de touristes.

Si l'on comprend sans peine qu'on ait consacré un million à l'instruction publique, on s'étonne peut-être que
près du double soit absorbé par les dépenses militaires.
Mais il faut se rappeler que la première des conditions
mises par les Puissances à l'évacuation était que la
Crète fût en mesure d'assurer elle-même l'ordre et la
sécurité publics. Aussi, l'organisation d'une bonne
gendarmerie a-t-elle été le premier souci des Crétois.
Le recrutement ne sera jamais difficile dans cette
population de montagnards dont le plus grand plaisir
est de se promener le fusil sur l'épaule par monts et
par vaux, — non sans arrêt aux *cafénia*. Il l'était
moins que jamais à la sortie d'une période de troubles
qui avait fait oublier à bien des Crétois tout autre
genre de vie. Par là, il présentait même l'avantage
de transformer des éléments de désordre en excellents agents de l'ordre. Les Puissances contribuèrent

efficacement à cette transformation salutaire en prêtant aux Crétois des instructeurs, quelques-uns français, la plupart italiens [1]. Les règlements italiens ont
été adoptés presque intégralement. Grands hommes
robustes et secs, avec leurs hautes bottes et leurs
larges culottes noires, avec leur vareuse de toile
blanche que la cartouchière serre à la taille, avec le
bonnet d'astrakan crânement posé sur le côté de la
tête, le fusil en bandoulière, les chôrophylaques crétois rappellent l'allure martiale et un peu théâtrale du
carabinier italien.

Il semble qu'un millier et demi de gendarmes, dont
250 sous-officiers et une trentaine d'officiers, ait pu
suffire à assurer la sécurité publique. Les Crétois ne
l'ont pas cru. Au million que leur coûtait par an la
chôrophylaké, ils n'ont pas hésité à ajouter, en 1907/8,
un nouveau million pour la *politophylaké* — 1.108
hommes et 43 officiers en deux bataillons à quatre
compagnies et autant de réservistes. Il n'est rien
dont ils soient plus fiers que de cette milice. Par sa
création, ils pensent avoir fait un grand pas dans la
voie où les engageait l'organisation de la gendarmerie.

En droit strict, cette création se légitime aisément.
Puisque l'évacuation devait suivre de près l'organisation de la gendarmerie, il fallait bien que la Crète

---

1. La gendarmerie a été composée au début surtout de Monténégrins. Cet élément étranger est aujourd'hui presque totalement éli-
miné. Tous les officiers et beaucoup de sous-officiers viennent de
l'armée grecque ; la gendarmerie doit se recruter parmi les Crétois
de 23 à 30 ans ayant passé par une école spéciale à La Canée. Elle se
subdivise en six compagnies réparties entre 113 postes.

autonome prît des mesures pour assumer elle-même, après sa sécurité intérieure, sa sécurité extérieure. Dira-t-on que cette sécurité était sous la sauvegarde des Puissances protectrices ? Malgré des garanties autrement solennelles de l'Europe, la Suisse et la Belgique ont cru devoir mettre leur neutralité sous la protection d'une forte armée. Dira-t-on que l'existence d'une milice nationale ne pouvait pas s'accorder avec le principe de la suzeraineté ottomane ? Ce principe n'a pas empêché l'organisation en Égypte d'une armée anglo-égyptienne autrement puissante que les 2.500 hommes de la milice crétoise.

Ni la Turquie, ni l'Europe n'étaient donc fondées à s'opposer à la création d'une milice crétoise. L'Europe y a même consenti par une note du 23 juillet 1906 [1]. Ce n'en était pas moins un grand pas de fait vers la réalisation du rêve des Crétois. D'abord l'unification de la Crète, préliminaire indispensable de l'Union, se trouvait puissamment aidée par ce service militaire, obligatoire en principe, qui réunissait dans les capitales de l'île les fils de tous les districts de la Crète, que la nature et l'histoire maintenaient depuis si longtemps divisés. Après avoir appris leur métier dans les grands centres, les recrues sont dispersées dans les 113 postes de gendarmerie. Non seulement, par cet habile compromis entre le recru-

---

1. Cette note promettait « le retrait des forces internationales aussitôt que la gendarmerie et la milice Crétoises seront formées » Probablement sur la suggestion du prince Georges, lord Lansdowne, écrivait déjà le 30 novembre 1904 : « Cette gendarmerie peut même être augmentée ; ou bien une troupe de milice Crétoise peut être organisée. » *Livre Jaune, Affaires de Crète*, 1904-5, p. 10.

tement régional et le recrutement national, la fusion
nécessaire achevait de se faire. L'âpre Sphakiote appre-
nait à ne plus mépriser le « mouton du Lassithi » ;
par ses règlements et sa discipline un peu de la mentalité européenne se glissait dans l'esprit du montagnard,
précisant ses notions sur la légalité et la propriété.
Non seulement la Crète se pénétrait ainsi des sentiments d'unité et d'ordre qui sont le fondement des
états européens, mais avoir comme eux une gendarmerie et une armée bien à elle, n'était-ce pas la
meilleure affirmation de son indépendance ? Voir les
casernes et les forts, occupés depuis des siècles par
des maîtres étrangers, gardés enfin par leurs frères
et leurs fils, d'une si belle allure martiale, n'était-ce
pas une étape décisive ? Déjà, ils ont succédé aux
Russes dans la caserne de Rhétymno, comme ils ont
succédé aux Turcs au fort Izzeddine. Et hier, quand
les dernières troupes étrangères ont quitté leurs quar-
tiers, à leur tour ils ont été occupés par des soldats
Crétois et des Crétois — c'est là le point capital —
exercés, instruits, commandés par des officiers grecs.
Sans doute, ces officiers sont-ils rayés des cadres de
l'activité de l'armée grecque. Mais ils ne le sont
qu'à titre temporaire. Par là, avant la proclamation
de l'Union, la Crète était virtuellement annexée à la
Grèce. Si elles ne voulaient pas l'Annexion, les
Puissances n'auraient pas dû consentir à l'organisation d'une armée ainsi encadrée.

Ainsi, ce n'est pas seulement la triple communauté
de race, de langue et de religion jointe à la haine de
l'oppression séculaire de la Turquie qui fait apparaître

aux Crétois leur union avec la Grèce comme une nécessité. Si les affinités naturelles et les lois de l'histoire dominent le problème, des intérêts plus immédiats contribuent à en précipiter la solution.

Si, de l'état d'anarchie et de semi-barbarie dans lequel ils ont vécu jusqu'ici, les Crétois veulent entrer dans la voie du développement économique et du progrès scientifique, il leur faut un centre intellectuel où ils aillent apprendre tout ce qui est nécessaire pour mettre en œuvre les ressources de leur pays ; il leur faut aussi un pays voisin où ils puissent écouler des produits qui, une fois réalisés les quelques progrès que nous avons indiqués, pourront en peu d'années décupler de valeur. Sans doute, il y a, dans l'union avec la Grèce, des désavantages que les Crétois instruits sont loin de nier : ils recevront leur part de la lourde charge de la dette hellénique ; il ne leur viendra que trop souvent de la métropole des administrateurs présomptueux malgré leur ignorance des choses du pays ; les mauvaises mœurs politiques de la Grèce étendront à la Crète leurs ravages. Mais les mêmes Crétois vous répondront que, s'ils participeront à la dette hellénique et paieront peut-être des impôts plus lourds, l'Union leur permettra de faire l'économie de bien des rouages politiques qu'implique l'Autonomie et que, surtout, une fois disparue la ligne douanière qui les sépare de la Grèce, leurs primeurs et leurs céréales trouveront sur les marchés d'Athènes leurs débouchés naturels. Si la Grèce leur apporte sa dette, elle leur apporte aussi plus de facilités pour le grand emprunt nécessaire au développement des ressources du pays. Que ce développement puisse être mal compris et mal secondé par les administrateurs et les politiciens qui leur viendront de Grèce, si l'on trouve des Crétois qui en conviennent, ils vous répondront avec assurance que les affinités entre Grecs de Grèce et Grecs de Crète sont trop fortes et la communauté des grands intérêts trop manifeste pour que tout dissentiment mutuel et toute mésintelligence réciproque ne disparaissent pas promptement. Quant aux mœurs politiques, à la prédominance des intérêts locaux et personnels sur les intérêts généraux et nationaux, il faut avouer que la Crète autonome, dès qu'elle a eu son Parlement, a montré qu'elle ne le cédait en rien à la Grèce, tant la vieille passion pour la lutte politique, d'homme à homme et de vallée à vallée, domine les Grecs d'aujourd'hui comme elle a toujours dominé leurs ancêtres. Autonome, on doit craindre que la Crète ne nous offre bientôt le spectacle d'une de ces républiques antiques absorbées par les querelles de partis, querelles que la petitesse de leur objet ne rend pas moins opiniâtres, querelles incompatibles avec tout développement normal. L'entrée de la Crète dans la vie politique de la Grèce peut, on doit l'espérer du moins, sinon faire disparaître ces querelles, du moins élargir leur sphère. Et, lorsque les Crétois parlent de régénérer la Grèce, on ne peut s'empêcher de croire que la Grèce recevra un essor nouveau de l'adjonction au royaume de ces trois cent mille Crétois, race forte et industrieuse, prête à faire rendre toutes ses ressources à une terre admirable qui peut devenir le grenier et le verger des îles et des côtes de la mer Égée, race féconde et habituée au travail de la glèbe, dont le trop-plein ne trouvera dans le Péloponèse que trop de vallées, aujourd'hui désolées, à rendre à leur fertilité première.

Il n'est pas douteux qu'il y ait quelque vanité dans la façon dont tout Crétois vous demande ce que vous pensez du *zitima mas*. Que « notre question » soit devenue la pierre d'achoppement de la politique européenne, ce n'est pas sans un secret plaisir qu'il l'envisage. Il se croit inattaquable dans ses montagnes et, d'ailleurs, n'imagine guère que les Puissances laisseraient défaire leur œuvre par un débarquement turc. Surtout, il a confiance dans la force de la voix du sang. S'il se refuse à accepter comme définitif un régime d'autonomie, c'est que, isolé, il se sent sans force et sans avenir. Placé entre la Turquie et la Grèce, il doit aller vers l'une ou vers l'autre. Tout l'écarte de la Turquie, tout l'attire vers la Grèce : même langue et même religion, mêmes mœurs et même forme d'esprit, luttes et traditions communes. La Crète n'est qu'un membre détaché de la Grèce qui aurait dû lui être rattaché en 1830. Et cette île est si importante par les ressources de son sol, par la vitalité de sa race, que son annexion peut être le point de départ d'une renaissance véritable de la Grèce, une grande date dans le développement économique de la Méditerranée orientale.

Ne nous attardons pas à cette esquisse d'un avenir qu'on doit espérer prochain. Mais il fallait l'indiquer, car il n'est pas de Crétois cultivé qui ne soit résolu à le réaliser. Que cette résolution n'est ni chimérique, ni platonique, que cette Union, qui en est la condition, n'est pas le rêve de quelques panhellénistes ou le cri de ralliement de quelques politiciens, qu'elle est la volonté profonde et raisonnée de toute une nation qui voit seulement dans cette union la sécurité et le progrès, c'est ce que le tableau précédent du développement matériel et moral de la Crète dans les dernières années peut rendre sensible.

Ce développement, on l'a vu, a été surtout l'œuvre des deux années du gouvernement de M. Zaïmis. Il faut l'attribuer pour une grande part aux qualités éminentes dont l'ex-premier ministre de Grèce a fait preuve, à la paix rétablie entre les partis, à l'ordre et à l'activité partout institués. Mais il ne faut pas oublier que son œuvre réparatrice a été facilitée, dans des proportions difficiles à exagérer, par la conviction qu'il a su inspirer, que chaque pas fait dans la voie du progrès pacifique était un pas fait vers l'Union : les Puissances attendaient seulement que l'ordre fût assuré pour retirer leurs troupes et entamer avec la Turquie des négociations qui réaliseraient l'espoir national.

Pour comprendre comment cette conviction s'est emparée de l'esprit des Crétois, il faudrait retracer toute l'histoire de l'île depuis le débarquement des premières troupes internationales en 1897 [1]. Pour cette année, qui marque la fin de la domination turque, on ne peut que renvoyer à l'excellent ouvrage de M. Victor Bérard, *Les affaires de Crète*, et ce n'est pas ici le lieu ni de résumer ni de poursuivre son récit. Mais il

1. Le recueil de tous les documents émanant des amiraux et de leurs gouvernements du 26 juin 1897 au 9 déc. 1898 a été fait par S. A. Papantonakis, Κρητικά (La Canée, 1901).

est nécessaire d'insister sur les deux étapes décisives qui ont amené la question à son état actuel : les deux mouvements populaires qui ont provoqué la création en 1905 et la disparition en 1908 du gouvernement de M. Zaïmis.

L'INSURRECTION DE 1905 ET LA RÉVOLUTION DE 1908

Le premier Haut-Commissaire fut nommé par les Puissances sans qu'on consultât même la Porte. Lorsque leur choix s'arrêtait sur le second fils du roi de Grèce, chef de la flotte comme son aîné était chef de l'armée, comment veut-on que les Crétois n'aient pas vu dans ce choix un prélude à l'Union? L'agrément demandé au Sultan eût attesté à leurs yeux qu'il restait le suzerain. Ne pas le lui demander et désigner le prince Georges, celui même auquel l'Europe avait interdit, un an plus tôt, de débarquer dans l'île, n'était-ce pas indiquer clairement que, de fief ottoman, la Crète devenait apanage du royaume grec?

L'union dynastique ne pouvait que préparer l'union nationale ; l'intronisation du fils du roi des Hellènes précéder celle de son père.

Je ne sais si quelques Puissances ne l'entendirent pas ainsi et l'on ne peut douter que telle fut l'espérance du roi de Grèce. En tout cas, épris de logique, l'esprit des Crétois, comme celui des Grecs, ne pouvait pas l'entendre autrement. Subtil autant que logique, il se réjouissait de l'adroite combinaison : le roi de Grèce régnerait sur la Crète par l'intermédiaire et sous le nom de son fils. Ni les Grecs ni les Crétois ne pouvaient croire que les Puissances ne voyaient pas, comme eux, dans cet ingénieux compromis, le dernier pas à faire avant de proclamer l'Union.

Le prince Georges ne sut malheureusement pas profiter de la position exceptionnelle où il se trouvait. Il avait un grand rôle à jouer. S'il était resté en Crète dix ans, s'occupant exclusivement à mettre partout l'ordre et l'activité, la solution de la question Crétoise n'aurait pas laissé d'en être facilitée.

Au reste, quelles qu'aient été les fautes de sa politique intérieure, il n'a jamais essayé de dissimuler aux Puissances les sentiments du peuple qu'elles l'avaient appelé à gouverner.

Les Puissances n'auraient jamais dû croire que la Crète se contenterait de l'Autonomie. Même sous le fils du roi de Grèce, ce régime hybride ne la satisfaisait pas. A chaque automne, le prince Georges, interprète des vœux du peuple qu'il gouvernait, demandait aux chancelleries de faire droit à ces vœux ; chaque fois, on lui répondait que les circonstances n'étaient pas favorables. Les Crétois donnaient à ces déclarations ambiguës la seule interprétation que permît leur idée fixe : les Puissances attendaient seulement que les circonstances fussent devenues favorables pour réaliser leur désir.

Après six années, ils commencèrent à s'impatienter d'une si longue attente. Le 19 août 1904, ils envoyaient une pétition au prince le priant de « faire connaître aux grandes Puissances l'inébranlable résolution de la Crète avec son ardente supplication de ne plus ajourner son union avec la Grèce ». La maladroite administration du prince ajoutait à leur mécontentement.

Aux élections de 1903, le système de la candidature officielle avait été poussé à l'extrême, système d'autant plus scandaleux que, sur 70 députés, la Constitution en remettait 10 à la désignation du Haut-Commissaire qui choisissait déjà les maires et une partie des conseillers municipaux. La session n'apportant aucune réforme politique ou économique, l'opposition en prenait prétexte pour faire une première démonstration armée au village de Lakkous.

Aussi, en septembre 1904, le prince Georges, sentant sa situation ébranlée, se décidait à entreprendre une nouvelle tournée dans les capitales de l'Europe. Ses adversaires couvraient leurs réclamations politiques sous le drapeau plus populaire que jamais de l'Annexion : ils insinuaient qu'il tenait trop à son haut-commissariat pour réclamer avec assez d'insistance l'union si ardemment désirée. Devant cette accusation le prince n'hésita plus à mettre son mandat dans la balance. Il ne pouvait, disait-il, assumer plus longtemps la lourde charge que lui avaient imposée les Puissances, « si les votes émis le 6-19 août par la population chrétienne dans toutes les provinces de l'île, par lesquels elle me charge d'implorer de sa part les grandes Puissances de ne plus retarder l'union de l'île avec la mère-patrie, étaient, une fois encore, repoussés. » Et il rappelait que ce qu'il avait prévu dans son mémorandum de septembre 1900 n'était que trop près de se réaliser : « Si les Puissances repoussent l'Union, le découragement et le mécontentement succéderaient à l'espoir, à la joie patriotique qui règnent dans tous les cœurs. La démagogie trouverait un terrain propice pour se donner libre carrière et le peuple agité et inquiet de son avenir serait trop disposé à écouter les conseils imprudents et à se prêter aux excitations des meneurs. Des réunions se tiendront sur tous les points de l'île, des démonstrations et peut-être des révoltes viendraient troubler l'ordre exemplaire et la tranquillité qui règnent actuellement[1] . »

La tranquillité, en novembre 1904, ne régnait déjà plus et le prince comprend si bien qu'il ne peut retourner en Crète sans rapporter quelque promesse qu'il réclame, à défaut de l'annexion immédiate, le remplacement des contingents internationaux par des troupes grecques. Puis, sentant cette proposition inadmissible, il suggère que « les Puissances invitent le roi de Grèce à assumer, en ce qui concerne la Crète, un rôle semblable à celui qui, aux termes du traité de Berlin, est assigné dans ces deux provinces à l'Autriche-Hongrie. »

Le comte Goluchowski se déclarait, dès le 8 septembre, « résolu à répondre négativement[2] » ; le comte Lamsdorff, à la fin d'octobre, faisait « demander à Lord Lansdowne ce qu'il considérait devoir être le programme à suivre pour répondre aux demandes du Haut-Commissaire[3] ». Tandis que M. Delcassé, dans une note du 2 décembre à nos ambassadeurs à Londres, Rome et Saint-Pétersbourg, parlait de « concessions d'ordre financier ou administratif », notamment un emprunt de 5 millions et la création de droits de ports

1. *Livre jaune, Affaires de Crète*, n° 9, note du 15 novembre 1904.
2. *Ibid.*, n° 6.
3. *Ibid.*, n° 7.

et d'ancrage [1], le *Foreign Office* « inclinait à penser que chacune des Puissances protectrices peut retirer immédiatement la moitié du contingent et peut, au surplus, décider d'en retirer l'autre moitié dans deux ou trois ans, en admettant que les habitants montrent d'ici là des dispositions pacifiques [2] ».

Quant « à donner une aide financière ou même à garantir un emprunt crétois », le Gouvernement britannique ne s'y montrait guère enclin ; il n'admettait que la prolongation de la surtaxe douanière, et encore « les Puissances protectrices devraient-elles insister pour l'envoi d'un ou deux experts financiers pour faire un rapport sur les conditions économiques de l'île ». Fusionnant sa note avec les suggestions anglaises, M. Delcassé soumettait aux Puissances un programme qui comportait l'obtention de la Turquie des trois concessions maintes fois réclamées en vain parce qu'elles achevaient de détacher la Crète de tout lien envers la puissance suzeraine : la reconnaissance du drapeau crétois, la remise des Crétois détenus dans les prisons ottomanes, la signification des actes judiciaires crétois en Turquie. Quant aux Puissances, elles prendraient l'« engagement de ne pas annexer l'île ou permettre l'annexion, sauf avec le consentement des habitants [3] », retireraient immédiatement la moitié de leurs contingents, renonceraient provisoirement aux intérêts de l'avance de quatre millions faite lors de l'installation du prince Georges, et examineraient un projet d'emprunt sous

---

1. *Livre jaune, Affaires de Crète*, n° 12 (2 décembre).
2. *Ibid.*, n° 10 (2 décembre).
3. *Ibid.*, p. 14 (12 décembre).

la garantie de deux contrôleurs financiers nommés par elles.

Les négociations durèrent quatre mois. La Russie, qui avait ses raisons pour ne pas laisser la porte ouverte aux espérances des Crétois, trouvait « préférable d'exclure les derniers mots de l'article 7 : *sauf avec le consentement des habitants*, car cette réserve pourrait prêter à des malentendus [1] ». L'Italie, probablement inspirée par ses alliées de la Triplice, suggérait « d'accentuer par une formule plus positive l'obligation pour le Gouvernement Crétois de ne pas laisser péricliter par la diminution des contingents étrangers la sécurité et la paix publiques [2] ». L'Autriche-Hongrie profitait de l'occasion pour « rappeler que le Gouvernement Impérial et Royal, tout en retirant son propre contingent, ne s'est pas désintéressé du sort de l'île ». Berlin s'empressait de faire connaître que « l'Allemagne reste, comme par le passé, une Puissance désintéressée des affaires de Crète [3] ». Comme le paragraphe IV du projet de *Note pour le Prince Haut-Commissaire* portait simplement que les gouvernements d'Allemagne et d'Autriche-Hongrie adhéraient à l'engagement « de ne pas annexer l'île elles-mêmes et de ne pas permettre l'annexion par une autre Puissance contre le gré des habitants [4] », il fallut négocier jusqu'à la fin du mois de mars pour que toutes les Puissances adoptassent le texte nouveau.

1. *Ibid.*, p. 14 (14 décembre).
2. *Ibid.*, n° 27 (29 janvier).
3. *Ibid.*, p. 27 (17 février).
4. *Ibid.*, p. 28 (6 mars).

Avant que la *Note* ne fût remise, le prince Georges fut réduit à faire savoir aux Puissances protectrices que toutes ses prévisions se réalisaient. Exaspérés par les erreurs de sa politique intérieure, imputant à son impéritie — ou au secret désir de prolonger ce qu'ils appelaient « sa tyrannie » — que, six mois après l'envoi de son Mémorandum, les Puissances n'aient pas encore répondu, pensant qu'ils n'obtiendraient rien d'elles s'ils n'attiraient leur attention par des actes qui ne laisseraient aucun doute sur leur résolution, 1500 Crétois, dont 600 seulement en armes, mais appuyés par tous les montagnards de Sfakia, toujours les premiers à la révolte, se réunissaient à Thérisso[1]. Leurs chefs étaient M. Vénizélos, le plus capable peut-être mais aussi le plus ambitieux des hommes d'État Crétois, devenu le chef de l'opposition après avoir dû donner sa démission de conseiller de la justice, et M. Manos, Grec qui s'était fait Crétois (il avait été maire de La Canée) pour travailler à l'Union par sa fortune et par sa parole. Le 23 mars, l'assemblée de Thérisso proclamait « l'union politique au royaume de Grèce en un seul État libre et constitutionnel ». En communiquant ce plébiscite aux consuls des Puissances, elle faisait valoir les arguments qu'on reprend aujourd'hui : autonomie présentée par les Puissances et considérée par les Crétois comme « une station purement transitoire vers la libération finale de l'île qui, conformément aux vœux inaltérables du peuple crétois, ne pouvait être autre que l'union à la Grèce », gêne écono-

---

1. Village à 5 km. au S.-O. de La Canée, sur la route qui mène à la côte Sud.

mique résultant d'un « pareil régime hybride et transitoire » ; isolement douanier ; impossibilité d'attirer
les capitaux étrangers.

*
* *

Le jour même où l'assemblée de Thérisso proclamait l'Union, le prince Georges, qui avait obtenu des
Puissances qu'un corps international coopérerait avec la
gendarmerie pour empêcher le rassemblement de
Thérisso de descendre sur La Canée, lançait à son
tour une proclamation où il pouvait menacer de cette
intervention si le rassemblement ne se dispersait pas.
Mais, à la veille des élections qui devaient avoir lieu
le 2 avril, il pouvait moins que jamais s'élever contre
l'Union : « Que le Très Haut fasse que nos justes vœux
soient exaucés le plus tôt possible, mais pour que cela
soit obtenu, il est nécessaire que les sympathies des
puissants de la terre soient acquises par la sagesse et
par une conduite conforme aux lois, et non par des
mouvements illégaux et irréguliers [1]. »

La proclamation du prince restait sans effet, et dans
la *Note* des Puissances qui lui était enfin remise le 3
avril [2], il fallait changer, au paragraphe traitant de la
réduction de moitié des troupes internationales, les mots
« tenant compte de la tranquillité qui règne actuellement en Crète » en ceux-ci : « pour le jour où la tranquillité sera rétablie en Crète [3] ». La preuve que la présence

1. *Livre jaune, Affaires de Crète*, p. 41.
. 2. Voir à l'appendice le texte de cette note.
3. *Ibid.*, p. 54. A la p. 57, on trouve une dépêche du 1er avril
(voir aussi celle du 22) de notre agent de Sofia, où il est curieux

des troupes internationales était encore nécessaire au maintien de l'ordre allait être donnée par la faute des Crétois insurgés. On avait cru, d'abord, qu'il suffirait pour les ramener à la raison d'un détachement de 500 hommes escortant le colonel Lubanski chargé de transmettre aux chefs du mouvement une note ainsi conçue: « Les Puissances protectrices sont unanimement d'accord pour ne pas permettre, dans les conjonctures actuelles, l'annexion de l'île au royaume de Grèce. » Devant le déploiement des troupes sur les hauteurs d'Alikiano, M. Manos avait aussitôt répondu au nom de ses collègues : « Nous saurons ajourner la réalisation de notre vœu suprême en nous confiant entièrement aux Puissances protectrices, pour lesquelles la déférence et la reconnaissance profonde du peuple crétois ne sauraient faire de doute. » Le colonel français, qui n'avait pas encore appris à se défier des belles phrases grecques, se contenta de cette déclaration, et le détachement se retira sans que le rassemblement fût dispersé. Convaincus que les Puissances n'oseraient pas pousser jusqu'au conflit, les Vénizélistes continuèrent à étendre leur action.

Eussent-ils essayé, d'ailleurs, de rétablir l'ordre, les chefs insurgés y auraient été sans doute impuissants dans un pays où la lutte contre la gendarmerie et le gouvernement a toute la force d'une tradition nationale. Maintenant que le gendarme était chrétien, il devenait plus difficile de le traiter en ennemi. Voulant

de relever cette phrase à propos de l'Annexion : « Cette solution ne paraîtrait pas comporter d'opposition de la part de la Bulgarie, qui y verrait l'occasion de réclamer autre part des faveurs pour elle. » C'est le contraire qui s'est produit.

s'en prendre à quelqu'un, il n'était que trop naturel que l'on menaçât les Musulmans. Malgré une proclamation du comité de Thérisso, quelques assassinats eurent lieu et les Musulmans, pris de peur, refluèrent de nouveau des campagnes sur les villes et, dans les villes mêmes, recommencèrent à s'embarquer. En même temps, l'Assemblée régulière, réunie le 20 avril, ne se bornait pas, comme deux ans auparavant, à émettre un vœu en faveur de l'Annexion. Au milieu d'une salle exclusivement décorée de drapeaux grecs, elle proclamait avec éclat « l'Union de la Crète avec sa mère la Grèce, afin qu'elle en fasse à jamais partie sous le sceptre constitutionnel de Georges, roi des Hellènes », et faisait transmettre ce vote aux Consuls. Pendant que ceux-ci répondaient « qu'il n'est pas possible, dans les conjonctures actuelles, de modifier le statut politique de l'île de Crète [1] » et obtenaient à grand'peine que le pavillon crétois fût rétabli sur tous les édifices où il avait été remplacé par les couleurs grecques, le Ministre des Affaires étrangères d'Italie, Tittoni, et les ambassadeurs à Rome des trois autres Puissances se réunissaient de nouveau en Conférence. Sur leur instance, le 2 mai, les Consuls annonçaient aux Crétois que les Puissances, toujours animées à leur égard de l'esprit le plus bienveillant, étaient « fermement résolues à avoir recours à telles nouvelles mesures navales et militaires qu'elles pourraient trouver nécessaires aux fins d'assurer le respect de leur décision de maintenir l'ordre [2] ».

1. *Livre jaune, Affaires de Crète*, p. 84 (22 avril).
2. *Ibid.*, p. 102 (1er mai).

Les mesures militaires restèrent si faibles que l'insurrection put se développer à loisir. Des bandes s'enhardirent au point de tirer sur les Russes à Alikiano et sur les Français au passage du Platanos (19 juin). Au lieu de répondre énergiquement à ces agressions et de fixer aux séditieux un délai pour déposer les armes, on parlait d'amnistie et on discutait l'envoi de commissaires des quatre Puissances. Devant cette inaction, la plupart des députés Crétois, qui s'étaient mis en vacances, le 31 mai, sans avoir rien fait, allèrent se joindre à l'assemblée de Thérisso ; un mois plus tard, un des deux principaux conseillers du prince démissionnait pour aller trouver dans la montagne son ancien collègue Vénizélos.

Une fois les premiers renforts arrivés — 200 Français, 150 Russes, 500 Anglais — les Consuls se rencontraient avec la délégation du comité de Thérisso pour lui remettre une déclaration promettant une amnistie complète à ceux qui déposeraient les armes dans les quinze jours (15 juillet) ; ce qui restait de l'Assemblée, réunie de nouveau à La Canée, entrait en pourparlers avec le comité ; le prince lançait une nouvelle proclamation : proclamations et pourparlers furent inutiles.

Le délai de quinze jours se passa sans qu'il eût été obtempéré à l'injonction des Puissances et les consuls durent organiser une sorte d'état de siège : commissions militaires internationales pour juger tout attentat ou offense contre les troupes des Puissances ou la gendarmerie et interdiction d'introduire, détenir ou porter des armes[1].

1. *Livre jaune, Affaires de Crète*, p. 46 (30 juillet).

Cette fois les insurgés comprirent que leur jeu devenait dangereux. Encouragée à leur tenir tête, l'Assemblée, lorsqu'elle se réunit de nouveau le 7 septembre, vota plusieurs des réformes inscrites au programme vénizéliste. Pour enlever tout prétexte de sédition à l'opposition, elle se séparait en décidant la convocation d'une assemblée nationale qui statuerait sur toutes les questions pendantes. Pour tranquilliser les Musulmans, Mechmed Bey était nommé maire de La Canée. En même temps, les troupes internationales ne se bornaient plus à protéger La Canée ; les Anglais dégageaient les environs de Candie et les Russes, non sans brutalité, ceux de Rhétymno ; les Italiens réoccupaient Kissamo-Kastelli ; les Français San Nikolo, Sitia et Hiérapétra. Dans ce secteur oriental, notre action fut si bienfaisante, grâce à la confiance inspirée et à l'autorité prise par nos officiers que, dès le début d'octobre, les insurgés déposaient leurs armes. Les autres insurgés ne tardèrent pas à suivre leur exemple. Moyennant la remise d'au moins 700 fusils, les Consuls consentirent à l'amnistie ; les gendarmes déserteurs, qui en étaient seuls exceptés, furent libres de s'embarquer pour la Grèce. Le 25 novembre, huit mois après le début du mouvement insurrectionnel, l'amnistie était proclamée.

*
* *

Je ne suivrai pas les événements d'intérêt secondaire qui amenèrent le prince Georges à démissionner en juillet 1906. Conséquences de l'insurrection de

1905, ils dérivent, comme elle, moins de sa politique intérieure que de l'impatience des Crétois à voir effectuer leur union avec la mère-patrie. Le prince les gouvernait depuis six ans sans qu'aucun progrès ait été fait vers cette union. Telle est la raison profonde de la désaffection devant laquelle il dut céder.

Si les Puissances avaient voulu répudier toute idée d'annexion, c'était le moment ou jamais, maintenant qu'elles occupaient de nouveau l'île militairement, de faire savoir aux Crétois qu'elles entendaient maintenir l'Autonomie. L'insurrection pouvait même autoriser à y apporter des restrictions : nommer un Haut-Commissaire étranger, réduire les pouvoirs de l'Assemblée. Soucieuses seulement d'éviter les difficultés présentes sans se préoccuper de celles dont elles grevaient l'avenir, les Puissances se montrèrent, au contraire, d'une générosité qui devait leur attirer la sympathie des Crétois qu'elle étonna, mais aussi exalter dangereusement leurs espérances. Ils devaient craindre que les Puissances ne leur tinssent rigueur de la démission imposée par eux à ce Haut-Commissaire, dont le choix aurait dû flatter si fort leurs aspirations. Ces aspirations étaient-elles bien profondes qui n'empêchaient pas les Crétois de chasser le fils de celui qu'ils avaient tant de fois acclamé comme roi ? Était-ce bien sincèrement que la Crète réclamait l'union lorsqu'elle ne savait pas garder à sa tête celui qui en était comme le symbole et le garant ? Se montrait-elle capable et digne de réaliser ses aspirations ?

Légitime au point de vue intérieur, cette abdication imposée au prince Georges était donc, pour la réalisation des aspirations crétoises, une faute grave. Si l'Europe voulait affirmer la suzeraineté du Sultan, le moment était venu : il suffisait de soumettre à son agrément le nom du nouveau Haut-Commissaire que choisiraient les Puissances.

Loin d'infliger ce désaveu aux revendications du peuple crétois, les Puissances ne se bornèrent plus à ne pas tenir compte des conventions. Ne pas soumettre à l'agrément de la Porte l'harmoste nommé par les Puissances pouvait passer pour un oubli légitimé par des circonstances extraordinaires. Mais confier au roi de Grèce lui-même le choix du successeur de son fils, lui donner la nomination du Haut-Commissaire en ne réservant aux Puissances que l'agrément, c'était lui reconnaître en droit cette suzeraineté qu'il avait exercée de fait pendant le gouvernement de son fils. Encore les Puissances eussent-elles pu diminuer la gravité de cet acte en le présentant comme exceptionnel: seconde et dernière épreuve de la capacité des Crétois à se laisser gouverner par un Grec. La chute du prince Georges les mettait en droit d'en douter. Loin de formuler aucune réserve, elles firent remettre par leurs ministres au roi des Hellènes une note l'autorisant à désigner leur Haut-Commissaire en Crète non pas seulement cette fois, mais dans l'avenir à chaque nouvelle vacance. La réponse écrite donnée par le roi Georges aux ministres des Puissances, répétant le texte même de leur note, est à citer tout entière :

Sa Majesté le Roi des Hellènes accepte avec satisfaction la note qui lui a été remise par les représentants des Puissances, à Athènes, et par laquelle elles déclarent qu'afin de manifester leur désir de tenir compte, dans la mesure du possible, des aspirations du peuple Crétois et de reconnaître d'une manière pratique l'intérêt que sa Majesté le Roi des Hellènes doit toujours prendre à la prospérité de la Crète, elles se sont mises d'accord pour attribuer à Sa Majesté, toutes les fois que le poste de Haut-Commissaire de Crète deviendra vacant, le droit de désigner un candidat capable d'exécuter le mandat de ces Puissances, dans cette île, et de porter son choix officiellement à leur connaissance. Cette concession dans l'idée des Puissances protectrices fait partie intégrante des réformes projetées dans la note collective adressée par les Consuls Généraux en Crète au Haut Commissaire le 10/23 juillet.

Sa Majesté le Roi des Hellènes est d'avis que la concession dont il s'agit, jointe à celle dont il est fait mention dans la note du 10/23 Juillet relative à la gendarmerie et à la garde civique, constituant un pas vers la solution souhaitée par le vœu unanime des Crétois, met fin à la mission confiée par les Puissances protectrices à son Altesse Royale le Prince Georges et lui permet de quitter avec honneur le poste auquel la confiance des Puissances l'a appelé et qui a été dignement et loyalement occupé par lui.

En prévision de cette démission, Sa Majesté désigne comme successeur du Prince Georges au poste de Haut-Commissaire de Crète M. Alexandre Zaïmis, ex-président du Conseil des Ministres de Grèce, et porte son choix officiellement à la connaissance des Puissances protectrices dans la conviction que ce choix sera approuvé par elles.

Sa Majesté le Roi des Hellènes a chargé M. Théotoky, Président du Conseil, de s'entendre avec les Représentants des Puissances à Athènes pour la réglementation des détails, une fois que, par suite de la démission de Son Altesse Royale le Prince Georges, le choix de son successeur aura obtenu l'approbation des Puissances.

Athènes, le 1/14 août 1906.

C'est ainsi que M. Zaïmis, l'habile homme d'État, qui avait relevé la Grèce après le désastre de 1897, devint Haut-Commissaire de Crète, tout en conservant ses fonctions de député au Parlement hellénique. Pour l'aider dans sa tâche, les Puissances confiaient la réorganisation des finances crétoises aux mêmes délégués qui contrôlaient celles de la Grèce et laissaient des officiers et sous-officiers grecs venir prendre le commandement de la gendarmerie et former la milice. C'était « pour réduire au minimum les motifs d'action ou d'intervention des gouvernements étrangers, sauf le gouvernement hellénique[1] ». D'après leurs déclarations formelles, quand cette milice serait en état d'assurer l'ordre, elles commenceraient l'évacuation. Et, après une revue des forces crétoises passée par le Haut-Commissaire au printemps de 1908, le premier échelon des troupes partait le 27 juillet ; le départ du dernier échelon devait avoir lieu « dans le délai d'une année à partir de la date du départ du premier échelon ». La Révolution turque du 24 juillet 1908 et le rétablissement du régime constitutionnel remplirent de joie les Musulmans de Crète dont plusieurs partirent pour se faire élire au Parlement turc. Mais, ces grands événements, qui allaient rendre si difficile l'Union au moment où elle semblait enfin sur le point de se réaliser, n'affectèrent pas d'abord directement la Crète. L'Angleterre était trop intéressée à ne pas don-

---

1. Déclaration de M. Pichon au Sénat le 15 janvier 1908.

ner un prétexte aux Égyptiens pour envoyer des députés à Constantinople et la jeune Turquie avait trop besoin de son appui. La Crète fut donc traitée comme si elle ne faisait pas partie de l'Empire Ottoman, puissant encouragement aux aspirations crétoises ! Elles n'attendaient plus que l'occasion favorable dont avaient parlé les Puissances. Elle ne tarda guère.

Le 3 octobre 1908, l'empereur François-Joseph annonçait aux Puissances l'incorporation à l'Empire austro-hongrois de la Bosnie et de l'Herzégovine.

Le 5 octobre, le prince Ferdinand proclamait l'indépendance de la Bulgarie.

Le 8, éclatait la Révolution crétoise.

M. Zaïmis venait de partir pour aller jouir, dans l'îlot de Moudra, près de Sainte-Maure, d'un repos bien gagné, avant le retour de l'Assemblée, qui, au mois d'août, s'était ajournée en novembre. Ce n'était pas la première fois qu'il quittait la Crète pour prendre quelques vacances. On a dit que son départ avait été calculé. Il n'en est rien. On peut prouver que la date en avait été fixée un mois à l'avance. Il n'y a eu ni complot savamment ourdi, ni machinations d'aucune sorte. Nul mouvement n'a été plus spontané, plus instinctif, plus populaire dans toute la force du terme.

Depuis plus d'un mois les événements d'Orient concentraient l'attention. Nulle part on ne les suivait avec un intérêt plus passionné qu'en Crète. Les Crétois ont toujours considéré le régime institué par les Puissances Protectrices comme provisoire et comme temporaire. C'était un régime spécial dû à des circonstances spéciales. Aux yeux des Crétois, la défaite de la Grèce dans la guerre engagée pour leur cause, la nécessité où se trouvaient les Puissances de maintenir, — de nom sinon de fait — l'intégrité de l'Empire Ottoman, justifiaient un régime où ils n'ont jamais voulu voir qu'une transition entre l'ancien état de choses et celui vers lequel les poussait une inéluctable attraction.

Mais voici qu'une révolution soudaine change du tout au tout cet état de l'Orient turc auquel semblait lié le régime qui leur avait été imposé. L'Autriche-Hongrie et la Bulgarie déclarent de droit un état de choses de fait, alors que cet état de choses, créé par le concert des Puissances et placé sous leur sauvegarde, ne pouvait être modifié qu'avec leur assentiment. Le contre-coup en Crète fut instantané ; le mouvement irrésistible. Si nul ne fut plus spontané, ce n'est pas une raison pour croire qu'il ne fut pas raisonné. Cela n'est pas vrai seulement des hommes du gouvernement ou des chefs des partis ; débordés, entraînés, ils ont dû prendre la tête du mouvement national pour n'être pas engloutis par lui. Mais le Crétois, suivant une logique naturelle qui n'a pas été encore obscurcie par des siècles de vie politique, se fie en son raisonnement dont la simplicité n'exclut pas la finesse. Il apprend que la Turquie, la dominatrice tyrannique dont il s'efforce depuis si longtemps de secouer le joug, est en pleine révolution ; il apprend que l'Autriche-Hongrie en profite pour accomplir l'annexion de la Bosnie-Herzégovine ; il apprend que la Bulgarie proclame son indépendance. Or, de toutes les provinces progressivement aliénées de l'Empire Ottoman, nulle ne se trouve dans une situation plus semblable à celle de la Crète que la Bulgarie ; de même la suzeraineté du sultan y est purement nominale ; de même l'autonomie, complète de fait, se trouve sous la garantie des Puissances ; de même, celles-ci ont installé à la tête de ses conseils un régent de leur choix. Mais la Crète se dit que son autonomie est plus complète encore que celle de la Bulgarie. Elle n'a pas de tribut à payer à Constantinople ; elle n'est pas liée à une Roumélie dont le prince de Bulgarie n'est que gouverneur au nom du Sultan ; jamais son prince n'a été, comme le prince bulgare, en vassal fidèle et en fonctionnaire loyal, prêter hommage au Sultan. Comment donc la Crète n'oserait-elle pas ce qu'a osé la Bulgarie ? Sans doute, elle est plus petite et plus faible. Mais, de cette infériorité, elle n'a pas trop conscience. Elle se sait plus lointaine, protégée par l'âpreté de ses montagnes où le Turc n'a jamais pu pénétrer, protégée surtout par la ceinture des mers. Nourrie des exploits des Miaoulis et des Canaris comme de ceux de ses héros nationaux, elle a appris à mépriser la flotte turque. D'ailleurs, les Puissances ne sont-elles pas là, avec leurs vaisseaux de guerre et leurs troupes, engagées formellement à ne pas laisser un soldat turc débarquer à nouveau dans l'île ? Personne ne songe qu'elles pourraient manquer à un pareil engagement. Pour les autres puissances qui ne sont pas protectrices, pour la Triplice, elle n'est pas liée seulement par la présence de l'Italie parmi les protectrices ; l'acte de l'Autriche-Hongrie rend impossible — dans l'esprit simpliste des Crétois — que ni elle, ni l'Empire allié que la Révolution turque atteint si profondément, élèvent la voix contre la Crète si elle suit l'exemple donné

par la Bulgarie. Comment ne le suivrait-elle pas?
Nombreux, depuis que les Puissances ont rétabli la paix
dans l'île, les chefs crétois vont dépenser en Macédoine
leur ardeur belliqueuse. S'ils y ont appris à détester
le Bulgare, ils y ont aussi appris sa force. Leur ani-
mosité contre lui est autant faite d'envie que de haine.
Ne serait-ce pas une honte pour la Crète, une déchéance
pour l'Hellénisme, que de se montrer moins audacieux
que les Bulgares? Ne serait-ce pas laisser se rompre
définitivement, au détriment de la Grèce, l'équilibre
balkanique?

*
* *

La proclamation de La Canée, — il importe d'insister sur ce point, — est l'écho direct de celle de
Tirnovo. Qui a sanctionné l'une ne peut désavouer
l'autre.

Dira-t-on que la question ne se présentait pas de
même au point de vue du droit international? Que la
Bulgarie n'avait à considérer qu'elle-même et que la
Turquie? Qu'il s'y agit d'une révolte contre son suzerain
du vassal qu'entraîne et qu'appuie la nation sur
laquelle il règne légalement; que la crise ainsi
ouverte ne doit se régler — comme elle s'est réglée
en effet — qu'entre l'ancien vassal et l'ancien suzerain? Dira-t-on qu'en Crète, au contraire, les formes
légales n'ont pas été observées, puisque tout s'y est
fait sans la coopération des Puissances protectrices,
seules qualifiées pour modifier le statut imposé par
elles à la Turquie? Que tout s'y est fait en l'absence

et sans l'aveu du Haut-Commissaire nommé par elles ?

Que ces différences entre la proclamation d'indépendance bulgare et la proclamation d'annexion crétoise existent, cela n'est pas contestable. Si l'Europe a eu, pour des raisons de politique générale, à intervenir dans la question bulgare, s'il lui fallait, en droit international, ratifier cette modification à l'état de choses institué par le Congrès de Berlin, néanmoins, aucune puissance occidentale n'était obligée, par une convention spéciale, à intervenir entre la Bulgarie et la Turquie. En Crète, les quatre Puissances protectrices, au contraire, étaient tenues d'intervenir ; rien de légal au point de vue international, rien de définitif ne pouvait se faire sans elles. Personne, ni en Crète ni en Grèce, n'a jamais songé à le contester. On a eu si confiance dans leur décision qu'on s'est borné à souhaiter qu'elle ne se fasse plus attendre et l'on a cru seulement la hâter en manifestant de façon décisive la volonté nationale.

Aussi bien, insister outre mesure sur ces différences légales, réduire à une question de droit strict ce qui a été, en Bulgarie comme en Crète, le mouvement de toute une nation, ne serait-ce pas faire injure tant aux peuples qui n'ont fait qu'écouter la voix du sang qu'aux Puissances qui ont donné trop d'exemples de mouvements semblables pour pouvoir s'élever contre des peuples qui agissent comme les Moscovites ont agi avec la Horde d'Or ou les Italiens contre l'Autriche ?

En Crète comme en Bulgarie, ce serait rapetisser

les événements que de n'y pas voir, avant tout, la plus légitime et la plus sincère des revendications nationales. Ces revendications n'ont jamais cessé de se formuler ; les aspirations des deux peuples remontent au plus loin de leur histoire et s'expliquent par elle. Nul ne pouvait douter que Crétois et Bulgares attendaient seulement l'occasion de les réaliser. Sans doute, on regrettera que cette réalisation ait eu lieu au lendemain même d'une révolution libérale qui promettait de rénover l'Empire Ottoman. Mais si la Crète et la Bulgarie n'avaient pas profité de la Révolution turque pour faire chacune la sienne, qui peut garantir qu'elles eussent retrouvé des circonstances aussi favorables ? On ne saurait leur faire grief d'avoir saisi un moment peut-être unique. Étant donnée la déplorable attitude de l'Europe en face du régime hamidien, les révolutions bulgare et crétoise devaient avoir lieu au lendemain de son renversement et ne pouvaient avoir lieu qu'alors. Si les choses se sont passées ainsi, l'Europe ne doit s'en prendre qu'à elle-même.

A cette responsabilité générale, on a vu par quels actes une responsabilité particulière s'ajoute pour les Puissances protectrices dans la révolution crétoise. A la Crète même, on ne saurait faire de grief sérieux ni — cela va sans dire, — d'avoir proclamé l'annexion, ni même pour la manière dont elle s'y est prise. Et d'abord rien n'est plus propre à fausser la physionomie véritable des événements de Crète que ce mot de « révolution » qu'on leur a appliqué comme aux mouvements contemporains de Turquie et de Bulgarie. A vrai dire, ce sont tous trois des mouvements nationalistes, mais de révolution véritable, c'est-à-dire de changement reconstitutionnel brusque, il n'y en a eu qu'en Turquie — encore ne faisait-elle que remettre en vigueur la constitution de 1876. La Bulgarie a fait une insurrection contre un suzerain légitime et reconnu jusque-là, insurrection que des circonstances exceptionnelles ont seules empêchée d'être sanglante ; la Crète, elle, ne s'est insurgée ni contre son gouvernement, — il a légalisé le mouvement en marchant à sa tête, — ni contre la Turquie, — dont les Puissances avaient réduit la suzeraineté à l'unique drapeau ottoman de l'îlot de la Sude, — ni contre les Puissances — qui n'avaient jamais représenté l'état de choses institué par elles en Crète comme définitif et irrévocable. Bien au contraire la « Constitution de l'État crétois » (8 février 1907), telle qu'elle a été approuvée par les Puissances lors de l'envoi en Crète de M. Zaïmis, reconnaît expressément que l'organisation établie par cette constitution est provisoire :

Lorsque le moment sera venu de demander au peuple crétois son avis sur son établissement définitif, on réunira à cet effet la Chambre qui aura précédé celle dont les pouvoirs viendraient d'expirer ou aurait été dissoute (Art. 119).

*
* *

A la nouvelle de la proclamation de Tirnovo, le peuple crétois a cru que le moment était venu. Il

a agi en conséquence : il a agi avec tout l'enthousiasme d'un peuple jeune et débordant de sève qui
voit poindre enfin le jour tant attendu ; mais il a
agi aussi avec toute la maturité d'un peuple sûr
de son droit, fort de la justice de sa cause et confiant
en son triomphe final. Dans un pareil élan d'enthousiasme, et quand les événements se sont succédé avec
une précipitation si inattendue, il serait ridicule de
prétendre que chaque acte ait été raisonné et mûre-
ment délibéré. Mais, s'il n'y a pas eu la machination
longuement préméditée dont d'aucuns ont parlé, il n'y
a pas eu davantage coup de tête ou moment d'égare-
ment. Si, dans ces journées historiques pour la Crète,
il est arrivé parfois qu'on sortît de la stricte légalité,
non seulement on n'a eu à déplorer ni acte de violence
ni parole téméraire, mais, avec une maîtrise d'eux-
mêmes que peu de peuples auraient montrée en des
circonstances semblables, les Crétois n'ont rien fait
qui puisse être considéré véritablement comme outre-
passant leurs droits ou violant les institutions établies
par les Puissances protectrices. Pour peu que l'on se
rappelle que les Puissances n'avaient rien négligé pour
représenter cet état de choses comme provisoire et
qu'elles avaient tout fait pour amener les Crétois à
oublier la suzeraineté de droit qui serait restée à la
Turquie, on trouvera difficilement quoique ce soit qui
ne puisse se justifier dans les événements d'octobre dernier. Un récit succinct de ces journées décisives achè-
vera de faire comprendre le véritable caractère des
événements qui ont amené la Crète à son état
actuel.

Dans la matinée du 7 octobre 1908, toute la ville se pavoisait aux couleurs grecques ; des milliers de Crétois accourant des environs de La Canée manifestaient en faveur de l'annexion, déchargeant en l'air fusils et revolvers en signe de joie. Personne ne fut molesté et les Musulmans se mêlaient librement aux Chrétiens.

A 2 heures, près de 15.000 personnes se réunissaient au Champ de Mars, sous les bannières d'une vingtaine des plus notables chefs politiques, assistés des maires et du clergé de La Canée et des environs. L'un des politiciens les plus influents, M. Zouridis, harangua la foule. Il déclara que la révolution pacifique pour laquelle le peuple s'était rassemblé n'était dirigée contre aucune des Puissances qui avaient été les bienfaitrices de l'île ; son seul objet était la proclamation définitive de l'union avec la mère-patrie. (C'était, en fait, la quatorzième depuis 1830.) Le gouvernement devait agir désormais au nom du libre royaume hellénique et le peuple irait respectueusement communiquer sa décision aux représentants des Puissances. Il resterait alors à l'Assemblée convoquée en session extraordinaire à sanctionner la décision de la population par un vote officiel.

Sur ce, la foule entière se rendit aux différents consulats, laissant à chacun un exemplaire de la résolution adoptée. Traversant le faubourg de Halépa, elle se massa devant le Palais du gouvernement où le drapeau crétois fut remplacé par le drapeau grec au milieu des acclamations. Il en fut de même, avec un enthousiasme grandissant, aux autres monuments

publics. Le drapeau grec fut aussi hissé à la Forteresse; les troupes françaises qui la gardaient insis-
tèrent pour qu'on le retirât. L'excitation fut, un
moment, assez vive. Mais, grâce à l'intervention des
chefs, tout se calma, et le drapeau crétois reparut au
milieu de ceux des quatre Puissances.

A cinq heures parut un supplément du *Journal officiel* — les armes helléniques et les mots *Basileion tês
Hellados* en tête. Il contenait un décret signé par les
trois conseillers Papamastorakis, Pôlogiorgis et Modatsos — le quatrième, le Musulman Nizim Farfourakis,
s'était abstenu et fait mettre en congé de quinze jours, —
annonçait leur adhésion à la décision populaire,
enjoignait à tous les fonctionnaires d'agir dorénavant
au nom du gouvernement hellénique et convoquait
l'Assemblée pour le dimanche 11 octobre.

Le lendemain — tandis que la décision populaire
était notifiée au roi de Grèce — il se trouvait alors à
Copenhague, ce qui lui permit de se dispenser de
répondre — le gouvernement, les fonctionnaires, les
officiers de la gendarmerie et de la milice prêtaient serment de fidélité au roi Georges devant le métropolite
de Crète, sous les plis du drapeau grec. La gravure
et la carte postale ont popularisé le souvenir de cette
cérémonie dont les Crétois font dater leur retour à la
mère-patrie.

Le 9 et le 10, pendant que les députés commen-
çaient à arriver à La Canée et que les autres villes de
Crète prêtaient serment à l'exemple de la capitale, le
gouvernement grec demandait à l'Europe de mettre
la question de la Crète au programme de la Confé-

rence dont M. Isvolski avait proclamé, le 7 octobre,
la nécessité : « L'Europe assemblée a seule qualité pour
défaire ce qu'a fait l'Europe assemblée. » D'autre
part, il faisait savoir à la Porte qu'il n'était pour rien
dans ce qui s'était passé en Crète. La Porte prenait acte
de sa déclaration, en lui prêtant le sens d'un désaveu.
Aussi, par un premier et grave malentendu, Tewfik-
Pacha évitait de parler de la Crète dans la circulaire par
laquelle il sollicitait la réunion d'une Conférence, tandis que les Puissances invitaient la Grèce à attendre
que la question fût soumise à cette Conférence.

En se réunissant le 11, l'Assemblée crétoise, cons-
tatant qu'elle n'était pas assez nombreuse, s'ajourna
au lendemain. Le 12, à 10 heures du matin, devant
une cinquantaine de députés [1], — les Musulmans
étant absents, — le président Michélidakis déclare la
session ouverte au nom du roi Georges, pendant que
la musique entonne l'hymne grec et que le drapeau
grec est arboré sur la salle de séance. « L'Assemblée
des Crétois, réunie en assemblée extraordinaire, prenant en considération l'irrévocable résolution du
peuple Crétois, décrète : Proclamer l'indépendance de
la Crète et son union avec le Royaume de Grèce en un
État un et indivisible. Inviter S. M. le roi des Hellènes
à prendre possession du gouvernement de l'Ile. »

Le lendemain, à 5 heures du soir, l'Assemblée se
déclarait dissoute après avoir nommé une Commission
exécutive composée de MM. Michélidakis, président ;
Vénizélos, délégué aux Affaires étrangères et à la
Justice ; Logiadis, aux Finances ; Pôlogiôrgis, à l'In-

1. Sur soixante-cinq.

térieur; Petychakis, à l'Instruction publique, « pour gouverner le pays au nom du roi des Hellènes, conformément aux lois du royaume grec ».

Oubliant leurs différends, les partis s'étaient unis pour mieux réaliser l'espérance commune. Le drapeau grec flottait sur tous les édifices publics ; les armes grecques figuraient sur le sceau officiel ; les timbres postaux étaient estampillés *Hellas* et les timbres de quittance *Basileion Hellénikon* ; les pourvois en cassation étaient renvoyés à la Cour suprême d'Athènes.

Deux jours plus tard, ayant reçu les instructions de leurs gouvernements respectifs, les consuls généraux d'Angleterre, d'Italie, de France et de Russie adressaient la note suivante à la Commission exécutive :

Les soussignés, Agents de Grande-Bretagne, de France, d'Italie et de Russie, d'ordre de leurs Gouvernements respectifs, ont l'honneur de porter à la connaissance du Gouvernement Crétois que :

« Les Puissances Protectrices considèrent l'union de la Crète avec la Grèce comme dépendant de l'assentiment des Puissances, qui ont contracté des obligations avec la Turquie.

« Elles ne seraient pas éloignées néanmoins d'envisager avec bienveillance la discussion de cette question avec la Turquie, si l'ordre est maintenu dans l'île et si d'autre part la sécurité de la population musulmane est assurée. »

Ils saisissent l'occasion de transmettre au Gouvernement Crétois les assurances de leur haute considération.

Halépa, le 15/28 octobre 1908.

Arthur Peel, V. Lebrecht,
Em. Bertrand, Boris Pelekhine.

La question Crétoise.

4

Le 18-31, la Commission exécutive remerciait les Puissances « de ce qu'elles avaient daigné lui faire savoir qu'elles ne seraient pas éloignées d'envisager avec bienveillance la discussion avec la Turquie de la question de l'Union de la Crète, si l'ordre est maintenu dans l'île et la sécurité de la population musulmane est assurée » ; elle affirmait que l'ordre serait maintenu et la sécurité garantie. « Confiants dans la justice de leur cause », ses membres assuraient que le peuple Crétois, « persuadé que dans leur haute bienveillance les Puissances daigneront couronner l'œuvre de liberté qu'elles ont entreprise, s'en remet à elles avec une entière confiance, avec la certitude que son union avec la Grèce, rachetée au prix d'innombrables sacrifices, lui sera définitivement confirmée ». Le même jour, la Commission adressait au peuple Crétois une proclamation l'exhortant à observer cet ordre public et cette entente avec leurs compatriotes musulmans dont les Puissances faisaient la condition de leurs bons offices. En agissant ainsi les Crétois pouvaient avoir confiance en la « solution équitable et conforme aux aspirations nationales » que les Puissances ne manqueraient pas de leur procurer.

Trois mois après, la Turquie s'était entendue directement avec l'Autriche et avec la Bulgarie et l'Europe avait reconnu le nouvel état de choses. L'influence de l'Allemagne avait empêché d'aboutir la Conférence qui devait régler la question Crétoise. Et, dès ce jour, les Puissances protectrices, malgré leurs promesses, étaient résignées au maintien du *statu quo :* l'autonomie. Elles l'ont imposé hier à la Crète en faisant enlever par des détachements de leurs marins (18 août) le drapeau grec qui flottait sur la forteresse de La Canée depuis le départ des troupes internationalse) 27 juillet).

On a vu des régimes provisoires durer plus longtemps que des régimes qui s'annonçaient comme définitifs. Combien de temps peut durer celui-ci? C'est ce que nous nous proposons d'examiner maintenant.

III

LA CRÈTE ENTRE LA TURQUIE ET LA GRÈCE

Dès les événements d'octobre 1908, la Turquie
a protesté. Si, pour la première fois alors, sa protestation s'exprimait dans des meetings, cette protestation n'était que la suite de toutes celles que la
Sublime Porte n'avait jamais manqué de faire entendre
par voie diplomatique à chaque menace d'empié-
tement nouveau sur des droits qu'elle considérait
comme imprescriptibles [1]. A l'égard de la Crète, la
Jeune Turquie peut reprocher au régime hamidien
d'avoir, là comme partout, par son incohérence, son
impéritie, ses alternatives de tyrannie sanglante et de
faiblesse anarchique, compromis gravement la domination ottomane. Elle ne doit pas s'imaginer, cependant,
qu'une politique plus ferme à la fois et plus juste, un
gouvernement plus honnête et plus libéral, — tout ce
qu'elle rêve d'établir dans l'empire régénéré — eussent

1. Ainsi, quand le prince Georges fait sa tournée en 1904 pour
réclamer, sinon l'annexion, du moins l'envoi d'un contingent de
troupes helléniques, l'ambassadeur de Turquie à Paris transmet le
14 et le 24 nov. la protestation de son mouvement: au cas de l'envoi
de troupes grecques « le Gouvernement Impérial est décidé également à y expédier une force militaire », *Affaires de Crète*, 1904-5,
nos 8 et 11 ; nouvelle protestation au moment du rassemblement de
Thérisso, *ibid.*, nos 85 et 127.

altéré au fond les dispositions des Crétois [1]. Il aurait fallu commencer un demi-siècle plus tôt : encore ne saurait-on garantir que, si le Règlement Organique (1868) ou le Pacte de Halépa (1878) eussent été observés, si l'île se fût trouvée ainsi dotée de la même autonomie que Samos, elle n'eût pas revendiqué pourtant cette Union que leur position géographique et une sujétion séculaire interdisent aux grécités de l'Asie Mineure et de ses îles. Mais Abd-ul-Hamid a cassé le Pacte de Halépa en 1889, au moment même où, grâce au bon gouvernement de Photiadis-Pacha, l'apaisement commençait à se faire, et l'action personnelle du Sultan est une des causes de tous les troubles qui ont amené l'insurrection décisive de 1897 et l'intervention des Puissances qui ont, depuis, gardé l'île en dépôt.

Malgré ce dépôt reconnu, sinon réclamé, par elle, la Turquie n'a renoncé à aucun de ses droits souverains sur la Crète [2]. A son point de vue, tout ce qui

1. On a prétendu dans différents articles que la Turquie avait reconnu implicitement la séparation de la Crète en soumettant ses marchandises aux taxes qui frappent les importations étrangères. Je tiens d'un haut fonctionnaire de la Dette Ottomane qu'il n'en est rien. Le droit que payent les importations crétoises est celui auquel sont soumises toutes les denrées venant *par mer* d'une province ottomane : ainsi, de l'huile d'olive venant de Crète paye 3 %, tandis que celle qui vient de Grèce paye 13 %. Il paraîtrait même que des négociants européens ont cherché à profiter de ce que la Crète exigeait des droits moindres pour certains produits afin de faire passer par la Crète des marchandises destinées à la Turquie d'Asie ou d'Europe; elles y entraient ainsi au tarif intérieur.

2. Malgré plusieurs notes des Puissances, la Porte n'a jamais cédé à la triple requête des Crétois concernant : la reconnaissance du drapeau Crétois, la remise à l'État Crétois des condamnés Crétois détenus dans les prisons de l'Empire ottoman et la signification des actes judiciaires crétois en Turquie.

Les lettres dont les timbres portent Ἑλλὰς en surcharge n'ont pas,

a été fait de non conforme à cette suzeraineté est nul
et non avenu. Elle n'a jamais reconnu que l'autonomie dans les termes où elle a été définie en mars
1897, c'est-à-dire en respectant l'intégrité de l'Empire ottoman et sous la suzeraineté du Sultan. Espé-
rant, comme toujours, pêcher en eau trouble, Abd-ul-
Hamid s'est soigneusement abstenu de faire préciser
en quoi consistait cette suzeraineté confondue à dessein avec la souveraineté. La définir, c'était la limi-
ter. Indéfinie, elle pouvait redevenir illimitée. C'est
grâce à cette habileté du sultan déchu que la Porte
est fondée aujourd'hui à demander « à discuter les
propositions des Puissances pour la solution de la
question Crétoise sur des bases tendant à empêcher
l'annexion par la Grèce et à garantir le maintien des
droits *souverains* de la Turquie » (24 juin 1909).

Tout ce qui est contraire à sa souveraineté est donc
considéré par la Turquie comme illégal ; elle ne
veut y voir en Crète, comme elle le verrait à Samos,
qu'actes de rébellion. Au point de vue du droit strict
la position ainsi prise par la Turquie est inattaquable.
C'est l'erreur des Puissances que de n'avoir pas pré-
cisé quels droits elles entendaient lui laisser ; c'est
son habileté que d'avoir su, pendant douze ans, maintenir l'équivoque. Peut-être serait-elle plus disposée à
ne pas s'en tenir à la lettre si vague des conventions,
si le sentiment national, les intérêts permanents de
l'Empire ottoman et les intérêts actuels de ceux qui

m'a-t-on assuré, été en général transmises par la poste ottomane.
En septembre un arrêté ministériel a décidé qu'elles seraient retour-
nées à l'expéditeur.

ont entrepris de le régénérer ne semblaient pas s'unir pour lui conseiller, dans la question de Crète, une fermeté inébranlable.

La Crète, il ne faut pas le perdre de vue, si elle fut la dernière conquête des Sultans sur l'Europe chrétienne, en est par là même l'une des plus précieuses. Quand Achmet Koupruli réunit contre la Crète toutes les forces de l'Empire ; quand, du 1er mai 1648 au 4 octobre 1669, les armées turques s'épuisèrent au siège de Candie ; quand, autour de cette autre Jérusalem, comme on l'a appelée, on a pu compter 56 assauts et plus de 100.000 tués ou blessés, il ne s'agissait pas seulement d'effacer le dernier souvenir de la domination vénitienne dans l'Archipel, de soumettre aux nouveaux maîtres de Constantinople le seul fragment de l'empire byzantin qui leur échappait encore, d'établir définitivement la puissance ottomane dans la Méditerranée. C'était bien plus reprise et représailles. Reprise aux chrétiens du plus ancien morceau de terre grecque conquis par les Musulmans, reprise de ce *Khandak* (Candie), de ce *Rempart* d'où les Turcs espéraient, comme ses fondateurs arabes du ix° siècle, voir leurs flottes voguer en souveraines du Bosphore aux Colonnes d'Hercule ; représailles de tant d'injures et de dommages que leur avait infligés la marine vénitienne ; étape décisive surtout de leur conquête de la Méditerranée, poste avancé et perpétuel défi à l'Occident chrétien sur lequel Candie, après avoir été leur première conquête, allait être leur dernier succès.

La conquête achevée, ils purent croire que les montagnards de la Crète ne deviendraient pas de

moins bons Musulmans que les Albanais, rendraient
à leur armée au centuple les soldats que Candie lui
avait coûtés. Les exactions des Vénitiens avaient si
fort exaspéré les Crétois que, non seulement ils
n'avaient rien tenté pour secourir Candie pendant les
vingt-cinq années que dura son siège, mais, plus d'une
fois, ils avaient secondé les Turcs. Comme en 823,
quand Abou-Hafs-Omar était venu les délivrer des
percepteurs byzantins, ils accueillirent avec joie les
Musulmans. Lorsque Mocenigi, en 1692, appela les Cré-
ois à la révolte, seuls les Sphakiotes répondirent à son
appel. Inattaquables dans leurs montagnes, ils restèrent à peu près indépendants à condition de verser
une légère redevance annuelle à la Sultane Validé. Partout ailleurs, pour éviter la position de serfs payant
1/5 des revenus du sol au Musulman devenu proprié-
taire, un quart au moins de la population embrassa
l'Islam. Si les faveurs des pachas furent réservées à ces
nouveaux convertis, la population chrétienne ne fut
jamais molestée dans son ensemble par le gouvernement turc. S'il y a eu des abus exercés au préjudice des
chrétiens, ils ne sont pas l'œuvre méthodique d'un gouvernement qui fut aussi tolérant que faible, qui laissait
même les Crétois rétablir leur hiérarchie religieuse et,
par les évêques que nommait le Patriarche de Constantinople, se rattacher au reste de l'Hellénisme. Les abus
et les violences tant signalés par les voyageurs du
xviiie siècle sont le fait de tel ou tel des agas ou des
beys. A mesure qu'ils réduisaient à une pure fiction
l'autorité du pacha turc, ceux-ci se transformaient, à
la façon des Mamelucks, en seigneurs féodaux, se

complaisant dans la violence et dans l'arbitraire, produits naturels d'un pareil état de choses. Mais il ne faut pas oublier que ces tyrans locaux, dont les abus ont tant contribué à répandre chez les chrétiens de Crète l'horreur du nom musulman, étaient la plupart des convertis de la veille, soucieux de faire valoir aux dépens de leurs anciens coreligionnaires l'ardeur de leur nouvelle foi, préoccupés aussi de chercher dans ces éclats de fanatisme l'excuse de leurs actes incessants de révolte. S'ils se mettaient souvent en rébellion ouverte contre le pacha envoyé de Constantinople, ils n'en professaient pas moins le plus profond dévouement au Khalife et à son Empire. Ainsi la Crète fut-elle considérée à Constantinople, durant tout le xviiie siècle, comme une de ces provinces particulièrement difficiles à gouverner, à la façon de l'Albanie ou de l'Égypte, mais qui n'en était pas moins fermement attachée à l'Empire ottoman dont les armées y trouvaient tant de précieuses recrues. Pépinière de soldats, avec ses fruits, ses sources, ses ombrages, ses montagnes aux neiges éternelles, la Crète passait pour l'un des paradis de l'Islam. Bien plus, entre l'Islam d'Europe et ceux d'Asie et d'Afrique, c'était le nœud des routes maritimes, le rempart contre la chrétienté du Nord-Ouest. Après le lui avoir enlevée avec tant de peine, ce serait la ruine et la honte de l'Empire que de l'abandonner.

C'est sous ces traits, légués par le xviiie siècle, que les Turcs n'ont pas renoncé à envisager la Crète. Ils ne semblent pas réaliser que, par le vice originel de toutes les œuvres qui ne reposent que sur la force, l'œuvre doit se défaire quand la force disparaît sans qu'aucun des bienfaits de l'ordre soit prêt à y suppléer. Lorsque, dans leur essai de restauration du début du xixᵉ siècle, ils ont tenté de rétablir l'ordre en Crète ; lorsque, après l'expulsion successive de quatre pachas par les agas, Hadji-Osman fut envoyé à Candie en 1812 et tenta contre les agas et janissaires de Crète ce que Méhémet-Ali réalisait en même temps contre les Mamelucks, les Turcs n'ont pas compris qu'il était trop tard. Ils n'ont jamais compris que les grandes insurrections qui répondaient en Crète à la Révolution grecque marquaient que les jours de leur domination étaient comptés. Ils n'ont voulu voir dans ces mouvements nationaux que la suite et le développement des dissensions entre pachas et agas et des petites révoltes des chrétiens que ces dissensions avaient favorisées durant tout le xviiᵉ siècle. Ils n'ont pas compris, ils ne pouvaient pas comprendre, que, du jour où éclatait la Révolution grecque, leur situation en Crète était à jamais compromise.

Élaboré pendant tout le xviiiᵉ siècle, activé à la fin de ce siècle par les incitations et les promesses russes, déchaîné par le grand bouleversement de la Révolution et de l'Empire, ce réveil de l'Hellénisme allait rendre à la Crète la conscience de sa nationalité. Nulle part, peut-être, la race grecque n'était restée plus pure ; les Musulmans de Crète étaient en grande majorité de la même race que les Chrétiens. Leur conversion, due à des motifs d'intérêt, n'avait pu faire d'eux en un siècle de véritables Mahométans pas plus que cent années d'une domination incohérente et faible n'avaient pu faire d'eux des Ottomans sincères. Au fond, ils restaient des Grecs. Beaucoup ont dû revenir à l'orthodoxie s'il est vrai qu'en 1760 on comptait 200.000 Musulmans pour 60.000 Chrétiens, tandis qu'en 1881, on trouve 73.000 Musulmans pour 205.000 Chrétiens. La voix du sang l'emporta dès 1821[1] ; elle n'a pas cessé de crier depuis.

En Crète comme en Grèce, les Turcs ne voulurent voir qu'insurrection là où il n'y avait que la réalisation de revendications séculaires contre les destructeurs de l'Empire grec. Çà et là, dans ses anciennes provinces, une assimilation intelligente avait complété l'œuvre commencée par le fer et le feu. Mais en Grèce, tous les efforts des Turcs étaient restés impuissants et, du cœur même de l'Hellénisme, la flamme sacrée allait embraser les îles. Nulle ne fut plus ardente que la Crète dans la guerre de l'Indépendance ; nulle n'aurait mieux mérité d'être comprise dans le royaume hellénique créé par Navarin. Mais la politique européenne n'avait pas la vue moins courte alors que maintenant. Dès 1821, les troupes égyptiennes avaient fait de la Crète leur base d'opérations contre le Péloponèse. On crut — ou l'on feignit de croire — que Méhémet-Ali saurait pacifier la Crète par la politique de réformes et de tolérance qui lui avait si bien réussi en Égypte. La Crète lui fut remise par le même acte du 6 juillet 1827 qui proclamait l'indépendance de la Grèce. Il la pacifia, en effet, par la présence de 15.000 Albanais, qui réprimèrent durement la révolte

---

1. Une statistique donne pour cette date 213.084 habitants dont 113.320 Chrétiens et 99.804 Musulmans.

de 1833; ses pachas restaurèrent ou accrurent les ouvrages de quelques forts, entreprirent des travaux considérables dans les ports de la Canée, Candie et Réthymno, tracèrent quelques routes d'apparat, reçurent à merveille les voyageurs européens, tandis que les fellahs appelés d'Égypte donnaient à quelques terres côtières la prospérité d'un coin de la vallée du Nil.

Peut-être, si les Turcs avaient consenti dès lors à donner à la Crète une organisation à peu près autonome, s'ils avaient trouvé pour la gouverner, au lieu d'un satrape intelligent mais corrompu, comme Moustapha-pacha (1830-50), des hommes aussi probes que Phôtiadis-Pacha; si, surtout, un régime constitutionnel s'était établi en Turquie, au temps où Abd-ul-Medjid reprenait la Crète à Méhémet-Ali (1840), peut-être les Crétois auraient-ils oublié les luttes soutenues, de concert avec la Grèce, pour l'Indépendance et pour l'Union. Mais, exaspérés d'avoir dû laisser s'affranchir la Grèce, attribuant cette perte à leur faiblesse militaire et à de coupables complaisances, les Turcs se montrèrent d'autant plus décidés à ne pas laisser la Crète suivre le sort de sa grande sœur, à écraser dans le germe ses moindres révoltes. Nous n'avons pas à retracer ici cette histoire sanglante [1]. Mais

1. On trouvera cette histoire racontée tout au long dans les *Histoires de la Crète* (en grec) de P. K. Kriaris (La Canée, 1902) et de V. Psilakis (Athènes, 1899; une nouvelle éd. en trois vol. a commencé à paraître à La Canée, 1909). Un excellent *Précis d'histoire de Crète* vient d'être donné par M. Xanthoudidis, éphore des Antiquités (Athènes, 1909). Enfin des biographies des Crétois qui ont joué un rôle important dans les derniers événements ont été réunies par le publiciste crétois J. Mourellos, sous le titre *Krétiké Stoa*, Galerie crétoise (Héraklcion, 1907).

il ne faut jamais oublier que, à conserver la Crète pendant le xix⁰ siècle, les Turcs ont dépensé plus d'efforts que pour la conquérir au xvii⁰ ; peu de provinces leur ont coûté plus de sang et d'argent.

Plus ces dépenses et ces efforts sont disproportionnés à l'étendue de l'île et à ce que sa possession pouvait leur procurer d'avantages matériels, plus cette possession devenait pour eux une question de point d'honneur, une exigence impérieuse de l'amour-propre national. Mahométans, ils ne pouvaient pas abandonner aux Chrétiens cette suprême conquête si chèrement achetée ; Ottomans, ils ne pouvaient pas, sous peine de déchoir, laisser la petite Grèce s'accroître sans combat de la Crète, comme l'Europe le lui permit pour la Thessalie.

Aussi, la force se montrant impuissante, la Porte se décidait à tenter des réformes : en 1868, le *Règlement organique* exempte les Chrétiens de la contribution pour le rachat du service militaire, donne aux arrondissements mixtes des tribunaux mixtes, admet le grec comme langue officielle à côté du turc et promet aux Chrétiens une part dans l'administration.

C'est cette part qu'accorde dix ans plus tard le *Pacte de Halépa*, avec une assemblée réunie tous les deux ans pour voter le budget et les principales lois de concert avec le vali qui devait être de préférence chrétien.

Nous touchons ici au congrès de Berlin sous la pression duquel le pacte de Halépa a été conclu en hâte pour éviter de plus grandes exigences. Des représentants

de la Crète y vinrent, en dépit de la Porte, apporter
les revendications de l'île. On dira peut-être que la
Porte, qui se résignait alors à ne conserver qu'une
suzeraineté nominale sur la Bosnie-Herzégovine et
sur la Bulgarie, eût pu consentir à donner l'autonomie à la Crète. Mais c'est précisément parce que la
pression des grandes puissances avait obligé la Turquie à aliéner ces deux provinces qu'elle s'attachait
avec d'autant plus d'acharnement à la possession de la
troisième. Elle savait bien que la Crète n'intéressait
directement que la Grèce pour laquelle on croyait
avoir déjà beaucoup fait en lui donnant la Thessalie.
Isolées, Grèce et Crète ne pouvaient rien. L'ajournement de leur commune revendication a été donc la
conséquence directe et comme la compensation de l'autonomie bulgare et du protectorat autrichien en Bosnie-
Herzégovine. Cependant, par l'article 23, la Sublime
Porte s'engageait « à appliquer scrupuleusement dans
l'île de Crète le Règlement organique de 1868, en y
apportant les modifications qui seraient jugées équi-
tables ». Même engagement était pris pour « les autres
parties de la Turquie d'Europe ». Mais la Porte n'igno-
rait pas que la Crète n'avait derrière elle que la
Grèce. Elle pouvait impunément y maintenir le régime
que la pression des Puissances obligeait de transformer au delà des Balkans.

Quand, trente ans après, l'œuvre ébauchée à Berlin s'achève pour les deux provinces balkaniques, par
l'indépendance de l'une et par l'annexion de l'autre à
l'Autriche-Hongrie, on conçoit que la Turquie soit
moins disposée que jamais à laisser échapper cette troi-

sième province, compensation et consolation à la perte des deux autres.

On comprend ainsi comment, pour la majorité des Turcs, la question de cette île lointaine est devenue une question nationale, religieuse plutôt en cet Orient où les nations ne sont encore que des religions. Recul de l'Islam devant le christianisme, atteinte aux droits imprescriptibles que la conquête a donnés au Sultan, voilà comment la question se présente essentiellement, voilà qui suffit à expliquer qu'elle ait soulevé en Turquie une agitation qui a surpris l'Europe. En 1897, la Turquie n'a pas hésité à faire la guerre à la Grèce pour la Crète. Victorieuse, le droit de la guerre lui eût permis et d'exiger de la Grèce une renonciation formelle à la Crète et de retirer à la Crète ses privilèges. Mais, un mois avant la guerre, le 6 mars, Abd-ul-Hamid, soucieux de ne pas voir une guerre crétoise compliquer la guerre grecque et désireux de se concilier les Puissances à la veille de cette guerre, avait accepté le principe de l'autonomie et remis aux Puissances le soin de l'appliquer. C'eût été se brouiller avec elles que de prétendre, après la victoire, leur retirer l'île si longtemps ensanglantée par sa faute. Le 26 mai, les derniers soldats grecs partaient de Crète, et, malgré les intrigues du Sultan, le 16 octobre 1898, les dernières troupes turques quittaient l'île qu'elles occupaient depuis cent cinquante ans. Les Turcs peuvent-ils comprendre que cet abandon est l'inéluctable conséquence d'un régime de faiblesse corrompue coupée de fureurs sanglantes? Peuvent-ils admettre que leur première victoire sur une nation chrétienne au xixe siècle leur coûte cette île qui fut, au temps de leur grandeur, leur dernière conquête sur les Chrétiens ?

Pour tous ceux des Turcs, qui connaissent mieux l'histoire et qui savent entendre ses leçons, la question est plus grave encore et plus complexe. Si, par la cession de la Crète à la Grèce, il est fait une nouvelle concession aux revendications de l'Hellénisme, qu'est-ce qui peut garantir que quelque autre des îles grecques sur lesquelles la Turquie exerce une domination plus ou moins relâchée, Lesbos ou Chio, Samos ou Rhodes, ne réclamera pas à son tour qu'on la réunisse à ses sœurs de l'Archipel ? Au même titre que la Crète, parmi toutes les îles, leur importance plus grande et leur éloignement de la Grèce les a fait maintenir à la Turquie. Mais elles n'en sont pas moins purement grecques et, si le massacre de Chio (1822) a arrêté dans son germe leur coopération à la guerre de l'Indépendance, le rêve de s'affranchir du joug turc n'en est pas moins resté au fond de leur cœur. La Crète devenue grecque, ce précédent n'autorise-t-il pas toute autre infraction aux conventions fondamentales qui ont créé le royaume de Grèce tout en le limitant ? Comme la cession de la Thessalie et d'une partie de l'Épire a marqué la reprise des prétentions et des agitations grecques en Albanie et en Macédoine, la cession de la Crète ne retentirait-elle pas profondément sur les îles d'Asie Mineure et sur les grandes villes, toutes grecques, de la côte qui leur fait face ? D'une manière plus générale, s'il est donné ainsi dans l'Empire ottoman un nouvel exemple du principe des nationalités l'emportant sur les droits de la conquête, n'est-ce pas autoriser les revendications albanaises ou arabes au même titre que celles de l'Hellénisme? N'est-ce pas donner le signal de cette dissolution de l'Empire ottoman que tout l'effort des Jeunes Turcs tend à arrêter?

Par une autre conséquence encore, la cession de la Crète semble compromettre cette intégrité de l'Empire ottoman que l'Europe a tant de fois promis de maintenir parce qu'elle ne pouvait s'entendre pour le partage des dépouilles. De toute leur ancienne domination sur l'Afrique du Nord, intacte encore, il y a moins de quatre-vingts ans, de l'isthme de Suez à la frontière marocaine, il ne reste à la Turquie, en possession directe, entre la Tunisie *protégée* par la France et l'Égypte *conseillée* par l'Angleterre, que la seule Tripolitaine. Comme la Crète, c'est là une des plus lointaines et des moins riches provinces du Khalifat. Mais, comme la Crète est le témoin de l'ancienne domination hellénique des Sultans et sert à compenser la douleur de sa perte, la Tripolitaine est la preuve tangible de leur empire africain, la protestation vivante contre son aliénation par rapt ou par conquête. Si le maintien de leur suzeraineté en Crète peut sembler aux Turcs une attestation de leur puissance aux yeux des Grecs répandus dans l'Empire, la possession de la Tripolitaine leur serait plus nécessaire encore pour communiquer librement avec tout l'Islam africain, des Oasis égyptiennes au Maroc, et pour y maintenir le prestige de la Turquie. Les avis ainsi venus de Constantinople n'ont guère été jusqu'ici favorables aux intérêts des deux puissances qui détiennent, à des titres divers, la meilleure partie de cet Islam africain. Aussi bien y a-t-il lieu de croire que la France et que l'Angleterre ne se seraient pas opposées à la réalisation de l'ambition tant caressée par l'Italie. La Tripolitaine italienne, c'était la disparition du dernier vestige en Afrique de l'œuvre des Sélim et des Soliman, c'était Contantinople définitivement coupée de l'Islam africain. Conformes à leurs principes, les Jeunes Turcs n'ont pas tardé à faire connaître qu'ils entendaient n'être pas moins intraitables sur la question de Tripolitaine que sur celle de Crète. Nous verrons que ce coup, porté brusquement au rêve italien du *mare nostrum*, ne laisse pas de compliquer la question de Crète pour les Puissances protectrices. Les Jeunes Turcs peuvent envisager la possibilité d'un conflit avec l'Italie — il a failli éclater dans la dernière année du régime hamidien et l'Italie doit bien regretter aujourd'hui de n'avoir pas poussé jusqu'au bout ses menaces d'avril 1908. Et les Jeunes Turcs qui connaissent bien la Tripolitaine, les uns pour y avoir été exilés — la Crète aussi leur est chère comme terre d'exil — les autres, comme Reghib-Pacha, pour l'avoir gouvernée, savent mieux que personne l'importance de cette possession et la difficulté de s'y maintenir.

Même, en laissant de côté cette possibilité de conflit avec l'Italie, ils pensent qu'il faut aux navires de guerre turcs une relâche entre l'Asie Mineure et la Tripolitaine.

Or, d'Asie Mineure, Rhodes, Karpathos et Kasos sont comme les arches d'un pont reliant les excellents ports lyciens à la Crète ; de la pointe S.-O. de la Crète

en Tripolitaine il n'y a qu'une journée d'une naviga-
tion facile que les *Benghaziotes*, qui viennent pêcher
les éponges sur les côtes de Crète, suivent depuis des
siècles.

Ainsi, sans qu'il soit besoin de remonter à la réunion par les Romains de la Crète et de la Cyrénaïque
sous un même proconsul, rien n'est plus aisé à comprendre que l'insistance des Turcs pour avoir au
moins un dépôt de charbon en Crète.

Si les vaisseaux de guerre de la Turquie ne pouvaient relâcher à La Sude où se sont établis ceux des
puissances protectrices, pourquoi son drapeau flotte-
rait-il, entouré de ceux des Puissances, dans l'îlot for-
tifié qui ferme la grande baie ? Pourquoi ? C'est qu'ils
pensent, « ils disent que Candie grecque... signifierait
tôt ou tard Tripoli italienne et, quand ils parlent de
garder la Sude comme base navale, c'est moins pour
une offensive contre les Crétois, auxquels ils sentent
bien qu'il faut laisser l'autonomie, que pour le ravi-
taillement et la défense de leurs places africaines » (Bérard, *Revue de Paris*, 1er juillet 1909).

Ainsi, pour la Tripolitaine en particulier comme
pour l'intégrité de l'Empire ottoman en général, on
voit quelle importance la question de Crète prend
pour le nouveau gouvernement de la Turquie. Ces
quelques milliers d'hommes qui, avec une admirable
énergie, ont entrepris de régénérer l'empire se trouvent enveloppés de difficultés et de pièges. Les masses
profondes de la nation ne peuvent être qu'indifférentes
ou hostiles à cette élite qui médite de remplacer partout par l'activité, l'ordre, la méthode et la loi, les

vieilles traditions de désordre, d'indolence et d'arbitraire. Toutes les races qui vivent côte à côte, malheureusement sans avoir montré jusqu'ici de tendance à fusionner en une nation, n'ont de commun que des coutumes séculaires et des préjugés religieux que les réformes seront fatalement appelées à violer sur plus d'un point. Comment leur faire accepter quand même ces réformes nécessaires ? Il faut toute l'autorité d'un gouvernement qu'on sait conscient de sa force et décidé à maintenir à l'extérieur la grandeur de l'Empire. Seules, les satisfactions données au nationalisme qui est au fond du mouvement jeune turc peuvent faire accepter et durer les réformes. Si l'Europe veut sincèrement celles-ci, elle ne peut refuser celles-là. Elle le pourrait d'autant moins au dire des Jeunes Turcs qu'elle doit savoir que, même dans l'armée, ils n'ont trouvé d'appui effectif que dans une faible partie. C'est le seul corps d'armée de Salonique — son voisin d'Andrinople s'est borné à des vœux platoniques — qui, par deux fois, a assuré leur triomphe. Comment imposer à ces troupes si vigoureuses, à leurs officiers surtout qui ont déployé dans la guerre civile les plus grands talents militaires, de nouvelles diminutions de l'Empire dont ils n'ont changé le Sultan que pour en assurer l'intégrité ? Comment se faire pardonner l'abandon des 30.000 Musulmans qui restent en Crète, Islam insulaire qui ne pourra se maintenir après l'Annexion ? Cédant officiellement aux raisons de l'Europe, cédant, en réalité, à l'impossibilité de résister à une attaque combinée de la Bulgarie et de l'Autriche, les Jeunes Turcs ont dû reconnaître, non sans se faire largement indemniser, l'annexion de la Bosnie-Herzégovine et l'indépendance de la Bulgarie.

Mais Abd-ul-Hamid régnait encore ; ils peuvent présenter ces cessions comme le fruit suprême de sa politique, l'aboutissement de ces actes de trahison envers l'Empire qui, bien plus qu'une tentative de renverser la Constitution, légitiment sa chute aux yeux de la masse des Musulmans. C'est pour avoir manqué à ses devoirs de Khalife que sa déposition leur apparaît comme le juste châtiment du ciel.

Les Jeunes Turcs peuvent-ils ouvrir le règne du nouveau Sultan par une concession à laquelle Abd-ul-Hamid, qu'ils ont accusé de félonie pour avoir cédé la Thessalie, avait su si habilement se dérober ? Un gouvernement exclusivement civil ne s'y risquerait pas : ce serait prêter le flanc à tous ses adversaires.

N'est-ce pas plus difficile encore, lorsque le gouvernement est dominé par des militaires qui n'ont pas hésité, Constantinople à peine pacifiée, à enfoncer la meilleure partie de leurs troupes dans les montagnes d'Albanie? D'Épire, ils prennent de flanc l'armée grecque qui, depuis les modifications de frontières de 1897, ne peut plus se défendre qu'aux Thermopyles. Si même leur flotte n'est pas en état de passer en Crète, ces hommes de guerre résisteront-ils indéfiniment à la tentation d'obliger la Grèce à renoncer à la grande île ? Si, pour eux, le Grec est l'ennemi national, n'oublions pas que, pour les Musulmans du Parlement, il est l'adversaire politique, le *giaour* qui ne prend que trop conscience de la force qu'il doit à son nombre, à sa faconde, à sa souplesse, le *giaour* auquel il est plus nécessaire que jamais de faire comprendre qu'il n'est de vraie force que dans le glaive.

Poussés par ces sentiments trop naturels, tous les Jeunes Turcs, gens de plume et gens d'épée, peuvent-ils ne pas croire qu'une marche sur Athènes pourra seule assurer le triomphe de la Constitution établie au prix de leur sang ? qu'il faut une victoire sur l'Hellénisme pour assurer la régénération de l'Islam ?

Sentiment national, nécessités de l'Empire, intérêts de parti, enthousiasme de l'armée, tout semble donc conseiller au gouvernement ottoman de pousser jusqu'à la guerre sa résistance à toute modification à l'état de choses reconnu par lui en Crète.

Cet état de choses même, autonomie complète qui ne leur laisse tirer aucun bénéfice de la Crète, a toujours paru provisoire aux Turcs vieux ou jeunes. Ce qu'ils pouvaient admettre dans les circonstances exceptionnelles qui ont motivé la remise de l'île entre les mains des Puissances, et tant que la présence des contingents internationaux garantissait la suzeraineté ottomane, ils ne croient pas pouvoir y consentir, une fois que l'évacuation européenne livre au bon plaisir de la majorité chrétienne, sinon le drapeau turc gardé par les stationnaires des Puissances, du moins le sort des trente mille musulmans de Crète.

Dans le dernier *Annuaire* officiel de l'Empire ottoman, celui de 1907/8 (1325 de l'hégire), à la suite des vilayets d'Asie Mineure, celui de Crète est toujours inscrit à sa place ordinaire, mais suivi seulement d'une rangée de points...

Comment les Jeunes Turcs pensent-ils remplacer

ces points? Aucun ne croit sans doute possible de refaire de la Crète, comme jadis, un des vilayets de l'Empire. Mais l'autonomie à la façon de Samos est le maximum des concessions qu'ils veulent consentir : prince-gouverneur grec orthodoxe, mais nommé par le Sultan, sujet ottoman et fonctionnaire de l'Empire. Que ce gouverneur, appuyé par une garnison turque, peut se montrer fonctionnaire aussi rigide que tel autre vali, les difficultés récentes de la population grecque de Samos avec Kopassis-bey, précisément Crétois d'origine, viennent d'en donner une nouvelle preuve. Si même les Turcs sont disposés à transiger sur la garnison — ils n'ignorent pas qu'elle est contraire au statut organique de Samos — ils réclament au moins un dépôt de charbon qui ne pourra, évidemment, se passer de quelques gardes [1].

---

1. A titre de spécimen, voici les revendications formulées par l'Association « pour la protection des droits de la patrie ottomane » :

1° Établissement de la Crète en province autonome sous la souveraineté du sultan ; renvoi du haut commissaire Zaïmis ; rétablissement des pavillons ottoman et crétois ;

2° Nomination d'un gouverneur général, qui peut être un chrétien, un Crétois ou même un sujet d'une puissance neutre, mais non pas un Grec ;

3° Occupation de la baie de la Sude par les troupes turques et transformation de cette baie en base navale pour la flotte turque ;

4° Égalité complète entre mahométans et chrétiens ;

5° Garantie pour la vie et l'honneur des mahométans et pour la sûreté de leurs paysans et laboureurs ;

6° Ouverture de crédits pour le retour des Crétois fugitifs ;

7° Reconstruction des mosquées, écoles et instituts ecclésiastiques aux frais du budget crétois ;

8° Droit d'intervention de la garnison maritime turque de la baie de la Sude pour le maintien de l'ordre en cas d'insuffisance de la milice crétoise ;

9° Suppression du régime de douane provisoire ;

10° Expulsion des auteurs de troubles ;

11° Amnistie aux auteurs de troubles au cas où ils se soumettraient tous à temps.

Mais quel prétexte trouver pour intervenir en Crète ?

Le dernier lien entre la Crète et la Turquie était une question d'argent[1]. Les Crétois s'en sont entièrement dégagés depuis 1901. A cette date, par une convention négociée par les Puissances, la Crète a racheté, moyennant 1.500.000 francs à 3 1/2 pour 100, tous les droits et privilèges dont la Dette Ottomane jouissait dans l'île : le principal était le monopole du sel. Ce monopole a passé au gouvernement Crétois qui, sur le bénéfice tiré de la vente, se libère peu à peu de sa dette, déjà réduite à 1.116.345 fr. en février 1908.

Il existe bien encore deux administrations qui ont englobé la Crète au temps où elle n'était qu'un vilayet ottoman, l'Administration générale des phares du Levant et celle de l'Office sanitaire (lazarets, etc.), mais leurs relations vis-à-vis de la Turquie sont telles qu'elles ne les empêchent aucunement de desservir la Crète autonome ou grecque aussi bien que la Crète vilayet de l'Empire.

Reste enfin la question des indemnités dues aux Musulmans dont les propriétés ont été saccagées. Mais, pour toutes les propriétés privées, la voie ordinaire des procès est ouverte aux parties lésées ; pour toutes celles qui appartenaient à des collectivités, sur l'initiative des Puissances protectrices, une commission d'enquête composée de leurs quatre représentants et de quatre hauts fonctionnaires de l'île, dont un Musulman, a été nommée le 8 mars 1908.

1. Je ne possède pas les renseignements nécessaires pour traiter la question ecclésiastique. En cas d'annexion, le métropolite de Crète devrait passer du ressort du Patriarche œcuménique à celui de l'Église autocéphale de Grèce.

A défaut de questions d'intérêts, les questions de personnes peuvent-elles fournir prétexte à une intervention turque ? A lire les plaintes de leurs journaux tant en Crète même qu'à Constantinople, on croirait les Musulmans de Crète victimes d'une persécution continue. D'autre part, les Chrétiens de l'île les accusent de chercher sans cesse des provocations et de se laisser exciter contre eux par des agitateurs venus de Turquie. S'il est difficile de décider entre ces récriminations, il est certain que la Constitution de 1906 a respecté tous les droits de la minorité musulmane. Non seulement l'égalité est complète en principe, mais les démogéronties (conseils des Wakfs) sont nommées par les communautés musulmanes ; ce sont elles qui désignent les muftis que nomme le Haut-Commissaire ; celui-ci choisit également les cadis parmi ceux qui ont été investis de leur juridiction spirituelle par le Cheik-ul-Islam. Les cadis continuent à juger tout ce qui a trait à la religion, à la famille et à l'héritage, ainsi qu'aux biens Wakouf qui sont devenus la propriété de tous ceux qui, lors de la Constitution Crétoise de 1899, les détenaient à titre légal. Comme les Musulmans forment des collèges électoraux spéciaux à Candie, La Canée et Réthymno, partout où ils sont en nombre suffisant, ils ont reçu des écoles spéciales. On sera peut-être choqué de cette mise à part. Elle a été réclamée par les Musulmans eux-mêmes qui craignent, ici d'être noyés parmi les électeurs chrétiens, là de voir leurs fils ne s'helléniser que trop vite dans les écoles grecques. Ils allaient jusqu'à revendiquer le droit de fixer eux-mêmes les programmes. Les Musulmans devant avoir libre accès à toutes les fonctions, le gouvernement Crétois ne pouvait consentir à ne pas contrôler leur instruction. Il a pris le seul parti convenable : organiser lui-même des écoles musulmanes avec les mêmes programmes que les autres écoles[1] ; on enseigne en plus le Coran et la langue turque, et les démogéronties musulmanes nomment leur personnel enseignant et ont le droit d'émettre des avis touchant la rédaction des programmes.

Respectée dans les écoles comme partout, la religion musulmane voit ses prêtres payés par le gouvernement tout comme ceux du culte orthodoxe : le budget des cultes accuse 28.000 dr. pour les Musulmans, 46.000 pour les Chrétiens et 2.000 aux Israélites. Il serait facile de citer des cas particuliers qui montrent que, dans la Crète autonome, les Musulmans, loin d'être persécutés, pouvaient arriver aux plus hautes charges de l'État. Un notable Musulman, Mechmet-Bey, a été deux fois maire de La Canée, et un autre, Ali Talat Moulazadi, nomarque ; l'un des conseillers de M. Zaïmis a été Farfourakis-Bey, etc. Cependant, si, malgré les plaintes incessantes des Musulmans, l'on ne peut apercevoir aucune persécution systématique ; si, depuis un an, des huit meurtres commis dans l'île, il n'en est probablement qu'un qui soit attribuable à l'exaspération de la population chrétienne ; si enfin, dans les villes, Musulmans et Chrétiens semblent

1. En 1908-09, on trouve dans le nome de La Canée huit écoles de garçons et deux de filles, dans celui de Héraklcion, trois de garçons et une de filles, dans celui de Rhétymno, une de garçons et une de filles, dans celui de Lassithi, deux de garçons. En tout 1963 élèves musulmans inscrits, avec 68 maîtres et un budget de 67.728 dr.

vivre en parfaite entente, il n'est que trop facile de comprendre que, après tant d'années de luttes inexpiables, une hostilité sourde subsiste. Ce n'est pas sans d'innombrables vexations, pour ne pas parler des pertes matérielles, que la moitié de la population musulmane a quitté l'île depuis dix ans, et tous les émigrés, mal reçus sur le continent et regrettant la belle terre des ancêtres, ont formé des comités dont l'action n'a été que trop sensible. Non seulement, par des meetings, ils ont contribué puissamment à exciter l'opinion turque, mais ils envoient à leurs frères restés dans l'île des instructions que résume ainsi un écrivain musulman distingué :

« Le Comité Crétois secret a décidé qu'en cas de réincorporation définitive de la Crète à l'Empire ottoman, tous les Crétois immigrés en Turquie devaient rentrer en Crète, et que dans le cas où la Crète serait annexée à la Grèce, on distribuerait deux cents cartouches à chaque Crétois valide pour défendre ses droits et l'île ; ou bien on donnerait l'ordre à tous les Crétois d'évacuer la Crète, d'émigrer des différentes parties de l'Empire ottoman, d'aller en masse envahir les îles de Chio et Mételin et d'en chasser la population grecque, en lui recommandant d'aller se dédommager chez ses compatriotes en Crète [1]. »

Quelle que soit la sympathie qu'inspirent ces malheureux émigrés qui expient des fautes qui ne sont pas leurs, rien ne peut légitimer de semblables propos. Si quelque chose semble les autoriser ce sont ceux des Comités crétois en Grèce qui ne sont guère moins

1. Mohammed-Djinguiz, *Revue du Monde musulman*, 1909, p. 102.

exaltés. Si les Musulmans de Crète voient dans les Chrétiens des adversaires qui ont obligé tant de leurs coreligionnaires à s'expatrier et s'ils peuvent craindre que ces Chrétiens ne résistent pas toujours à la tentation de venger sur eux tant d'injures que la Grèce a reçues de l'Islam, les Chrétiens, eux, ne peuvent s'empêcher de voir dans les Musulmans l'ennemi séculaire qui les opprimait hier encore. Si la solution qu'ils espèrent avec tant d'ardeur tarde encore longtemps par la résistance de la Turquie, ne doit-on pas craindre que, dans un moment d'exaltation, quelques-uns d'entre eux s'en prennent à leurs compatriotes musulmans ? Une rixe de ce genre aurait pu être sans conséquences tant que les contingents européens étaient là pour rétablir l'ordre. Aujourd'hui qu'ils sont partis, bien que la Porte les ait officiellement sollicités de rester pour assurer la sécurité des Mahométans, les Turcs seront en droit de dire : « Les Puissances protectrices auxquelles nous avions remis la Crète en dépôt n'ont pas su ou n'ont pas voulu y assurer la sécurité de nos coreligionnaires. Le Gouvernement institué par eux n'est pas moins impuissant. C'est donc à notre souverain, au double titre de suzerain de la Crète comme Sultan et de protecteur des Musulmans comme Kalife, à intervenir et à rétablir l'ordre. »

Si aucun incident n'a encore permis à la Porte de tenir ce langage, il faut l'attribuer aux conseils de sagesse que le gouvernement grec n'a cessé de prodiguer soit directement, soit par l'intermédiaire du gouvernement crétois. Et si les Crétois ont jusqu'ici, écouté ces conseils, c'est seulement parce qu'ils se rendent compte que tout prétexte d'intervention qu'ils donneront à la Turquie sera saisi par elle comme prétexte à un ultimatum adressé à la Grèce. Ils savent ce qu'il a fallu d'efforts à la Turquie pour réprimer leurs insurrections alors que toutes les côtes de l'île lui fournissaient une excellente base d'opérations et qu'ils étaient eux-mêmes divisés et sans armes. Aujourd'hui, si même les canons de leur flotte permettent aux Turcs de débarquer et de s'emparer de Candie ou de la Canée, ils trouveront devant eux un peuple entier levé en masse, habitué à la guerre de montagnes, bien armé et bien encadré. Dès l'âge de douze ans, le petit Crétois s'exerce à « jouer » comme on dit en Crète en parlant du tir. Les Turcs feraient bien d'y réfléchir s'ils ne veulent par voir leur belle armée s'épuiser dans les montagnes de Crète comme dans les déserts d'Arabie.

Si la perte de la Crète sans combat ou sans compensation leur paraît déjà un coup à leur puissance, combien ne serait-elle pas plus gravement ébranlée par un échec qu'infligerait aux forces ottomanes une poignée de montagnards crétois ? Les Crétois n'ignorent pas la position privilégiée qu'ils doivent à la ceinture des flots et à l'âpreté des montagnes. Leurs imprudences s'expliquent en grande partie par la conscience, peut-être exagérée, qu'ils en ont, et l'on doit craindre qu'ils les auraient poussées plus loin s'ils ne savaient pas que c'est à Athènes que la Turquie irait venger les injures de Candie. Si les Crétois voulaient l'oublier, le gouvernement grec, lui, a trop conscience de sa faiblesse pour ne pas leur rappeler sans cesse que toute imprudence de leur part serait compromettre de leurs propres mains leur rêve d'union. Soit que la Grèce cède à un ultimatum de la Porte sans qu'une nouvelle défaite l'affaiblisse davantage, soit que l'honneur la pousse à n'en subir les conditions qu'après avoir tenté le sort des armes, il n'est pas douteux qu'une renonciation formelle de la Grèce à la Crète ne soit la conséquence de tout incident qui, désavoué par les Puissances, légitimerait une intervention turque.

*
* *

Nous avons dit toute la gravité du problème qui se posait à la Turquie. Celui dans lequel se débat la Grèce n'est pas moins angoissant avec ce quelque chose de pitoyable que prend toujours la faiblesse d'un peuple qui porte un nom si glorieux et ploie sous son poids. Sans doute, la Grèce ne peut invoquer aucun titre juridique à la possession de la Crète. A aucune période de l'histoire elles n'ont été politiquement unies. Mais ces deux fragments de ce qui fut jadis le monde hellénique et plus tard l'empire grec, les deux seuls qui aient su se dégager de l'étreinte du destructeur de cet empire, sont poussés l'un vers l'autre par une de ces forces contre lesquelles ni le tranchant du glaive ni les subtilités de la politique ne sauraient avoir raison.

« Toujours la Grèce et la Crète ont éprouvé les mêmes sentiments, ayant passé par les mêmes souffrances, et se sont unies dans la haine du Turc.

Jamais rien de ce qui est Crétois ne fut étranger à la Grèce[1]. »

La Grèce a été si convaincue que cette affinité profonde devait amener tôt ou tard à l'Union, qu'elle ne s'est guère préoccupée de réaliser ce qui lui semblait inéluctable. Elle a gaspillé à disputer la Macédoine aux Bulgares et aux Serbes, elle a surtout gaspillé dans ses querelles intérieures des forces qui lui auraient peut-être déjà donné la Crète. Après avoir fatigué l'Europe par ses plaintes et ses prétentions, elle s'est jetée en 1897, sans demander de conseil ni d'appui, dans la guerre pour la Crète, pensant que l'Europe ne laisserait jamais les descendants des héros qui repoussèrent Xerxès être vaincus par les maîtres nouveaux de l'Asie Mineure.

Le désastre qui a été la conséquence de cette folie, que la Grèce ne sut même pas rendre héroïque, rendrait cruel d'insister sur la légèreté présomptueuse qui en a été la cause. Mais on ne peut passer sous silence la légèreté plus grande encore qui, pour ne pas s'être fait ou refait une armée, met la Grèce, au moment où se pose de nouveau la question Crétoise, dans une position de si accablante infériorité. On peut d'autant moins passer sous silence les fautes graves qui l'ont acculée aux difficultés d'aujourd'hui que beaucoup de Grecs, ne voulant ni les réparer ni même les avouer, compliquent encore leur situation en cherchant à faire de leur roi le bouc émissaire de leurs fautes.

Sans doute, il est certain que le roi a songé à sa dynastie en même temps qu'à son peuple. Jadis, on

1. Ed. Driault, *La Question d'Orient*, 1905, p. 262.

avait parlé de donner la Crète en dot à la reine Olga et les Grecs ne devraient pas oublier que Georges Ier leur a apporté en cadeau de joyeux avènement les îles Ioniennes. Quand le roi a décidé les Puissances à nommer son fils Georges comme leur Haut-Commissaire en Crète, c'était sans doute un coup de fortune pour ce cadet ; mais n'était-ce pas aussi préparer par cette sorte d'union dynastique l'union future des deux peuples ?

Quand, sacrifiant à leurs rancunes politiques l'habile combinaison dont le prince était le garant, les Crétois risquaient de s'attirer les rigueurs des Puissances par la légèreté de leur conduite, quelle diplomatie n'a-t-il pas fallu au roi pour que ce qui était un affront tant pour lui-même que pour les Puissances n'amenât pas la rupture du lien si adroitement ménagé entre la Grèce et la Crète ? A défaut de son fils, faire envoyer son premier ministre et rapprocher encore les deux pays par les finances et par l'armée, n'est-ce pas là un chef-d'œuvre d'habileté dont les deux pays devraient être profondément reconnaissants ? Mais, malgré la confiance que les bonnes paroles reçues dans les capitales de l'Europe lui avaient permis de manifester au printemps 1909, la question n'a pas fait un pas depuis ; malgré le vœu unanime des deux peuples, l'Europe refuse toujours d'entendre parler de l'Union. Comme c'est le roi lui-même qui avait recueilli ces promesses, il n'est que trop naturel que ce soit à lui qu'on se prenne de leur vanité ; il n'est que trop facile de le rendre responsable et de cet échec apparent de sa politique extérieure et de la faiblesse militaire qui en est la cause profonde.

Le roi aurait-il pu, comme les Grecs veulent le croire, donner à la Grèce une armée et une flotte plus dignes d'elle ? Cela paraîtra bien douteux à qui sait l'étroite limite de ses prérogatives en tout ce qui touche aux affaires intérieures, à qui sait par quels raisonnements puérils l'opinion grecque a été soulevée contre l'excellent plan d'organisation proposée pour sa marine par l'amiral Fournier, plan que le roi a soutenu en vain. Impuissant dans la plupart des affaires, on peut affirmer que, pour les affaires extérieures dont il s'est réservé la haute direction, c'est à sa seule influence personnelle auprès des chefs d'État dont il est le parent ou qu'il sait convaincre qu'est dû l'appui que la Grèce a reçu dans ses ambitions crétoises. Si la révolution turque que personne ne pouvait prévoir n'était venue bouleverser toutes les combinaisons européennes, il n'est pas douteux que le roi Georges n'aurait pas tardé à réaliser le rêve commun de la Crète et de la Grèce.

Quelque pénible que cela soit, il est d'autant plus nécessaire d'insister sur ces fautes de la Grèce que les effets ne s'en sont fait déjà que trop sentir [1]. C'est, comme il est naturel, dans l'armée surtout que le défaut d'organisation militaire se laisse voir le mieux ;

1. Je corrige les épreuves de ces pages au moment où l'on annonce l'échec de la tentative criminelle du capitaine de vaisseau Tybaldos (31 octobre). Les faits ont tellement donné raison à mes craintes que je n'ai malheureusement pas de changements à faire. La crise s'est développée comme les prémisses permettaient de le pronostiquer. Mais l'on peut espérer que cet acte de haute trahison qui en marque l'apogée en sera aussi le terme et montrera aux Grecs qu'il n'y a plus un moment à perdre pour revenir à la conscience des intérêts supérieurs du pays et travailler à les réaliser dans l'ordre civil et par les moyens légaux.

c'est chez les jeunes officiers qu'est ressentie le plus vivement la patriotique douleur de la position que la Grèce est obligée de prendre vis-à-vis de la Turquie. Les symptômes de leur mécontentement ne sont que trop manifestes ; aux trop longs loisirs que leur nombre deux fois trop grand et le manque d'occupation qui en résulte donnent aux officiers grecs, s'ajoute le pernicieux exemple de la Turquie, réformée, sauvée par des officiers surtout. Combien de jeunes officiers grecs ne doivent pas rêver de réformer et de sauver eux aussi la Grèce ? Mais, à ce rêve généreux, combien de convoitises privées ou de rancunes personnelles ne se mêlent-elles pas ? Et, comme il faut toujours aux irritations humaines une victime expiatoire c'est contre le Diadoque qu'elles se sont tournées, contre le chef suprême de l'armée, dont la juste sévérité dans ses efforts pour établir une plus stricte discipline s'est ajoutée aux errements d'une nature impétueuse et aux souvenirs non moins déformés de 1897 pour lui créer dans l'armée la plus dangereuse impopularité.

Sans doute, les réformes sont urgentes : pour le recrutement, il faut le rendre véritablement national et obligatoire en empêchant le rachat pour tous ceux qui sont assez riches, l'émigration pour tous ceux qui sont trop pauvres, — le double scandale qui, tant qu'il durera, empêchera la Grèce d'avoir toute armée digne de ce nom ; pour l'avancement, il faut le réserver aux officiers qui ont passé par les Écoles et fait preuve d'aptitudes sérieuses, le soulager de cette pléthore de traîneurs de sabres qui ont valu au métier militaire un tel mépris en Grèce et qui, et par leur nombre et par leur médiocrité, constituent, en temps de crise, un danger permanent. Comme tant d'autres rouages de la vie grecque, désorganisés par un parlementarisme prématuré qui arrête tout par l'étroitesse de ses vues, déchaînant partout les convoitises individuelles, l'armée hellénique a besoin de réformes profondes. Mais elles ne peuvent se faire que dans la paix et dans l'ordre légal dont le respect est le premier devoir. Puissent les jeunes officiers ne pas le perdre de vue et ne pas oublier que la discipline est le fondement de toute armée. Puissent-ils se rappeler surtout que toute ingérence violente de leur part dans la vie politique de la Grèce, rendant impossible au Diadoque de conserver les fonctions qui conviennent à l'héritier du trône, aboutissant peut-être au départ du roi Georges comme elle a amené jadis celui d'Othon, aurait bientôt fait de réduire la Grèce, dans l'opinion de l'Europe, au rang qu'occupaient naguère les petites républiques Centre-Américaines.

Sans vouloir même envisager la possibilité qu'ils portent eux-mêmes à la Grèce un coup aussi fatal, qu'ils déchaînent une crise intérieure qui rendrait plus incertain que jamais le règlement de la crise extérieure, souhaitons, pour nous borner à la question qui nous occupe et qui est au fond même de la crise, souhaitons que rien ne vienne de leur part affaiblir le pouvoir du roi, témoin et garant des assurances données à la Grèce pour l'annexion de la Crète.

Autant le roi Georges et les ministres auxquels il sait inspirer — ou qui tiennent de race — la même finesse prudente ont contribué à rendre possible la réalisation de ce rêve, autant, croyant servir

« l'idée », les agitateurs ont fait de tort au gouvernement hellénique. Quand un riche Athénien comme M. Manos, après s'être fait naturaliser Crétois, devient en 1905 un des chefs du mouvement qui proclame l'annexion au même moment où un de ses parents qui porte le même nom va renforcer à la tête de 300 Crétois les bandes grecques en Macédoine, on comprend que la Porte, dénonçant ces faits à l'Europe, en conclut qu'ils « prouvent, à n'en plus douter, que c'est le gouvernement hellénique lui-même qui provoque ouvertement l'agitation, soit en Crète, soit dans les provinces européennes de l'Empire [1] ». Aujourd'hui encore, si la Porte peut lier la question de Crète où elle se sent isolée à celle de Macédoine où elle sait qu'elle peut avoir pour elle tous les concurrents des Grecs, c'est parce que les agitateurs grecs et crétois n'ont pas cessé d'aller compromettre en Macédoine non seulement l'union des deux pays, mais la dignité même et l'intégrité de l'Hellade.

La Grèce a déjà fait preuve dans la question de Crète d'une sagesse et d'une maîtrise d'elle-même que l'Europe n'osait escompter. Qu'elle ne s'impatiente point de ne pas recevoir plus tôt le prix de ses efforts ; ils auront fait beaucoup pour lui rendre une estime et une confiance que ses témérités de 1897 n'avaient que trop ébranlées, et les titres ainsi acquis lui vaudront sans doute, pour son développement à venir, une sympathie de l'Europe qui ne sera plus seulement littéraire. Que le désir de se mettre en état de rece-

---

1. *Livre Jaune, Macédoine*, 1903-5 : note turque du 25 avril 1908.

voir la Crète la fasse travailler au relèvement national comme la France l'a fait après 1870, et la Crète aura valu à la Grèce plus et mieux que ne lui rapportera son annexion même !

Sans doute, le sentiment même de leur insuffisance militaire a puissamment contribué à cette prudence si nouvelle des Grecs. Par là aussi, la grave crise qu'ils traversent pourra être profondément salutaire : abandonner enfin les querelles de partis, les gaspillages et les tripotages en même temps que les ambitions démesurées qui les rendent presque ridicules ; consacrer tous leurs efforts à donner à leur patrie une armée, une flotte et des finances qui, lorsque se posent dans les Balkans des questions qui l'intéressent directement, lui permettent l'attitude ferme et le langage résolu qui ont fait le succès de ses adversaires bulgares ; réformer aussi leurs mœurs politiques, dissoudre enfin leurs *kommata* parlementaires, uniquement préoccupés de questions locales ou personnelles, dans un grand parti qui ne verra et ne cherchera que l'intérêt national. S'il peut en être ainsi l'affaire Crétoise aura été pour la Grèce à la fois une leçon profitable et un titre à la sympathie de l'Europe.

Espérons, avec tous les vrais amis de la Grèce, que les bons effets et de cette leçon et de cette sympathie ne tarderont plus à se faire sentir.

IV

LA CRÈTE ET LES PUISSANCES

Nous avons esquissé le tableau de la Crète dans son développement économique et dans sa transformation morale. Nous avons vu pourquoi elle poursuivait avec tant d'ardeur son union avec la Grèce et pourquoi elle se croyait sûre de l'obtenir. Nous avons ensuite essayé de montrer pour quelles raisons la Turquie d'une part se refusait avec tant de passion à cette cession et menaçait les Puissances d'avoir recours aux armes plutôt que d'y consentir, pour quelles raisons, d'autre part, la Grèce voyait, comme la Turquie, une question d'honneur et de grandeur nationales dans la possession de la Crète et pourquoi elle était obligée de remettre entièrement sa cause aux mains des Puissances. C'est donc entre les mains des quatre Puissances protectrices de la Crète qu'on s'accorde à placer son sort. Étudier leur conduite respective dans tous ses détails, ce serait retracer toute l'histoire de la question d'Orient dont la question Crétoise n'est qu'une partie. Aussi faut-il se borner ici à rechercher quelle a été l'attitude générale de chacune d'elles dans la question Crétoise, quels sont leurs sentiments et leurs intérêts à l'égard de la Crète et quels sont à leur égard les sentiments des Crétois.

L'Angleterre. — L'Angleterre n'a jamais cessé d'être suspecte aux Crétois, et, quand ils ont menacé, en 1896, de se mettre sous son protectorat, c'était uniquement pour obliger l'Europe à intervenir. Ils n'ont jamais abandonné l'idée qu'elle n'était pas venue seulement pour les protéger : de tout temps, mais surtout depuis les années graves où Sir Alfred Biliotti représentait l'Angleterre à La Canée, on a parlé des visées de la Grande-Bretagne sur la Crète, de son désir de faire au moins de La Sude une rade anglaise. Sans doute, des ministres comme Palmerston ont pu y songer parfois ; quelques-uns des plus impérialistes d'entre ses successeurs, tel Beaconsfield, ont pu penser à la Crète pour compléter vers l'Orient Gibraltar et Malte, surveiller de ce poste avancé les Dardanelles d'une part, Suez de l'autre. Pour jouer un pareil rôle, la Crète eût été certainement très supérieure à Chypre[1]. En 1878, quand l'influence anglaise permettait à Midhat Pacha de conclure avec les insurgés le pacte d'Halépa, lord Salisbury eût peut-être bien servi son pays en préférant le protectorat de la Crète à la location de Chypre.

Cette acquisition — si l'on peut désigner de ce terme une occupation si précaire — de Chypre est une des plus mauvaises affaires que l'Angleterre ait conclues. Non seulement, comme on le montrera plus loin, elle lui est plus onéreuse qu'utile ; mais la main

---

1. Il est certain que, en 1878, l'Angleterre a hésité entre Chypre et la Crète. On croit qu'elle a été décidée par les idées personnelles de Lord Beaconsfield qui, déjà dans son roman de *Tancrède*, en 1847, avait déclaré que les Anglais prendraient Chypre comme compensation. C'est son opposition qui aurait empêché le Congrès de Berlin de s'occuper de la Crète. Voir Chrystaphidès, *Le Correspondant*, avril 1895.

mise sur cette île toute grecque a fait oublier aux Hellènes ce qu'ils gardaient de reconnaissance pour la cession des îles Ioniennes. Aussi, si la crainte que l'Angleterre inspire a augmenté par cette occupation suivie de celle de l'Égypte, les soupçons que cause son ambition ont crû en proportion même de cette crainte. Ni les Grecs, ni les Crétois ne semblent avoir compris que, précisément, Chypre prise à bail et l'Égypte mise en tutelle dispensaient l'Angleterre de toute autre position dans la Méditerranée orientale. La carte sous les yeux, il leur a semblé que la Crète était plus nécessaire que jamais aux Anglais, comme étape entre Malte et l'Égypte. Si, en Grèce, le libéralisme et le philhellénisme bien connus qu'affecte la politique anglaise ont combattu ces appréhensions, moins au courant de l'histoire, les Crétois sont restés persuadés que l'Angleterre conserve des visées sur La Sude.

Loin d'essayer de dissiper ces soupçons, les Anglais ne paraissent avoir rien négligé de ce qui pouvait les alimenter. Sans parler des intrigues de leur consul Biliotti, dont leur gouvernement porte le poids sans en être entièrement responsable[1], la rigoureuse répression non seulement de la contrebande d'armes, mais même de la pêche au scaphandre, les constantes croisières autour de l'île, la garde exclusive du vieux fort de La Sude, l'occupation à eux seuls de Candie, les longues complaisances en 1898 envers les soldats turcs de Candie — jusqu'au jour où, ceux-ci s'étant enhardis à

---

1. Voir, sur ces intrigues, V. Bérard, *Les Affaires de Crète*, p. 93 et 311.

tirer sur des Anglais, le 25 août, ils ont terrorisé tout le monde par une répression sommaire — partout les Anglais ont montré ce désir d'avoir les coudées franches et d'agir à leur guise sans jamais expliquer leur action, cette incapacité de s'adapter aux circonstances et de se plier aux nécessités du milieu ou du moment qui les ont rendus si vite, sinon odieux, du moins suspects aux Crétois.

Rien de plus typique que le contraste entre la vie de leur régiment à Candie et celle des contingents français, italiens et russes de La Canée. Ceux-ci ne vivaient pas seulement en bonne harmonie entre eux — harmonie allant jusqu'à une véritable camaraderie entre Français et Italiens —; ils se sont mêlés à la population, ils se sont fait estimer et aimer par elle, autant les officiers dans la « société » que leurs hommes dans le peuple. Ils animaient de leur présence les rues, les magasins, les cafés, coudoyant librement les indigènes, causant et s'amusant avec eux. On sentait à chaque pas combien Italiens et Français sont près du Grec ; entre troupiers italiens et miliciens crétois qui portent leur uniforme *khaki* avec la même désinvolture, la confusion était même facile.

Avec quelle roideur le soldat anglais ne porte-t-il pas, au contraire, son *khaki* de bonne coupe dans les rues de Candie. Le casque colonial de même couleur, l'inséparable badine comme seule arme, lui donnent l'air d'un de ces touristes anglais indifférents à tout, sinon à retrouver en tout climat les éléments de la vie à laquelle ils sont habitués en Angleterre. Vivant à part, absolument chez eux dans leurs baraquements allongés sur les vieux remparts, ils en ont transformé les fossés en terrains de tennis et de foot-ball. Les *matchs* ont lieu entre bataillons comme en Angleterre, mais aucun Crétois n'a jamais été convié à y assister. La chaleur de leurs baraquements étant extrême, ils avaient établi dans la montagne, à deux heures au S.-O. de Candie, un petit camp de cure d'air ; entre les tentes et les baraquements, les officiers se livraient à de folles randonnées sur les admirables petits chevaux crétois, la seule chose apparemment qui leur ait semblé digne d'intérêt en Crète. Chaque année, à la date réglementaire, un nouveau régiment venait relever son prédécesseur : quelqu'un du régiment aurait-il voulu s'intéresser aux gens et aux choses de Crète, qu'il n'en aurait pas eu le temps. Le régiment allait à Candie comme il irait à Aden : passer le plus promptement possible une année ennuyeuse dans un protectorat sans avenir.

Le Crétois est trop fin pour ne pas apercevoir quelque chose de ces sentiments ; il est trop persuadé de sa valeur pour n'être pas blessé de l'indifférence où l'on paraît le tenir ; il connaît encore trop peu l'histoire et la psychologie du peuple britannique pour apprécier, dans cette indifférence même, ce qui fait la force de l'Anglais dans les colonies où il s'agit seulement d'établir l'ordre public et un travail régulier : partout et toujours il reste Anglais, portant toute la vieille Angleterre avec lui, fort de sa maîtrise de lui-même et de la conscience de sa supériorité. Il n'est que trop évident que le Crétois ne saurait même pas comprendre ce que nous pouvons admirer, et la fréquentation des troupes anglaises, loin de diminuer ses soupçons, n'a fait que les augmenter.

Sur le bien fondé de ces soupçons, je serai bref. Aucune publication documentaire ne permet encore d'en juger en historien. J'ai déjà dit que bien des impérialistes anglo-saxons ont pu et peuvent encore croire que la possession de la Crète est nécessaire à l'hégémonie anglaise dans la Méditerranée et fournirait une compensation aux progrès de l'Autriche-Hongrie, comme Chypre a été la rançon des victoires russes. Mais il n'est pas un homme d'État digne de ce nom qui puisse s'arrêter sur un pareil dessein.

La Turquie et l'Europe s'accorderaient-elles, contre toute vraisemblance, pour le favoriser que les Crétois répondraient comme ils le faisaient le 5 avril 1841 à l'amiral Stuart essayant de s'interposer entre Moustapha-Pacha et les chefs Sphakiotes : « *Thélômen tin énôsin mas méta tis Hellados*, Nous voulons notre union avec la Grèce. » Qu'on n'aille pas imaginer enfin, ainsi qu'on l'a trop répété, que l'Angleterre pourrait se borner à posséder La Sude, comme elle détient Gibraltar. S'agit-il de l'îlot qui ferme la baie, il faut se croire au temps des Vénitiens pour imaginer que sa possession assure celle de la rade ; s'agit-il de la rade entière, elle est inséparable du reste de la Crète, et jamais la Crète ne consentirait à une occupation que la position presque insulaire de Gibraltar et deux siècles d'histoire semblent rendre naturelle en Espagne.

D'ailleurs, Gibraltar, Malte et Alexandrie suffisent amplement au rôle que l'Angleterre peut et doit jouer dans la Méditerranée. Il faut, je le répète, se croire

encore au temps des galères pour prétendre que la
Crète est une relâche nécessaire à qui est déjà maître
de ces trois citadelles.

Aussi bien, si l'on comprend ce qui a causé les soupçons des Crétois, il n'est pas moins évident que rien ne
saurait les légitimer. Si l'on pouvait suivre ici toutes
les négociations dont la Crète a été l'objet, on verrait
même que l'Angleterre aurait droit à sa reconnaissance. Elle a toujours préconisé tout ce qui devait
accroître sa liberté et sa prospérité. Sans doute, elle
aurait préféré concilier par l'autonomie ses tendances
philhelléniques avec sa politique de l'intégrité de l'Empire ottoman. Mais, si l'autonomie est reconnue
impossible, elle préférera probablement voir la Crète
entre les mains de la Grèce qui ne sera jamais de taille
à lui résister. S'il était permis aux Turcs de reprendre
et de fortifier l'île, elle pourrait devenir, au cas de
quelque conflit pour l'Égypte, une base d'opérations
dont l'Angleterre sait trop l'importance pour la laisser retomber entre leurs mains.

Nous touchons là à la clef même du problème. Plus
que pour toute autre Puissance, la question de Crète
n'est pour l'Angleterre qu'une partie de la question
d'Orient. Pour les autres nations, cette question est
purement d'ordre économique ; pour l'Angleterre,
elle touche aux sources mêmes de sa puissance. Elle se
pose ainsi : conservera-t-elle l'Égypte et les Indes ? Par
elles, l'empire britannique est la deuxième puissance
musulmane du monde ; à cause d'elles, elle ne saurait s'exposer à l'hostilité du Kalife qui la tient par
les millions de Mahométans égyptiens et hindous.

Pour assurer son influence à Constantinople, deux systèmes sont possibles : ou bien essayer de mettre le Sultan à sa merci par la Macédoine autonome, l'Arabie indépendante, Chypre et l'Égypte anglaises, enfin la Crète grecque — c'est le système qui semble avoir prévalu aux derniers temps d'Abd-ul-Hamid et qui n'a pas peu contribué à sa chute. Ou bien gagner la Porte en s'érigeant en gardienne de son intégrité, en protectrice vigilante de ses intérêts. C'est le système qu'elle paraît avoir adopté depuis la Révolution turque. A la très sincère sympathie que le doyen des pays parlementaires éprouve pour son jeune émule, joignez le vieux principe de l'intégrité de l'Empire ottoman que les Anglais prétendent avoir observée en ne donnant aucun titre définitif à leur occupation de Chypre et de l'Égypte, joignez-y surtout le désir de reprendre auprès de la jeune Turquie la place usurpée par l'Allemagne sous le régime hamidien, vous comprendrez que l'Angleterre hésite à prendre toute initiative dans les affaires de Crète. Elle a cru, en se décidant après bien des hésitations à l'évacuation, obtenir un double avantage : donner aux Crétois une preuve de confiance qui les confirmerait dans les sages dispositions qui la leur avait méritée, montrer aux Turcs qu'elle n'entendait pas, en prolongeant son occupation, faire de la Crète une nouvelle Égypte et témoigner aucune défiance à leur égard. Le calcul de Sir Edward Grey ne s'est pas trouvé justifié : la Crète et la Turquie n'ont vu, dans l'évacuation, que l'amorce d'un abandon complet par l'Europe, abandon que chacune, suivant ses aspirations, interprétait dans un sens radicalement opposé. Mais les deux préoccupations qui dominent la politique anglaise, — rivalité avec l'Allemagne en Orient, nécessité d'empêcher les révoltes de l'Égypte et de l'Inde — ne lui permettaient guère d'agir autrement. Elles l'amèneront fatalement à sacrifier de plus en plus la Grèce à la Turquie.

La France. — Si la France, puissance musulmane et république parlementaire, a les mêmes raisons que l'Angleterre pour prêter un loyal concours à la jeune Turquie, elle n'a pas à redouter comme elle que la Turquie puisse ni contester ses droits à la possession de son empire musulman ni y susciter aussi facilement des difficultés. La solidité de notre empire, tant sous le rapport du droit international que par les sentiments inspirés aux peuples conquis, se joint à notre position traditionnelle en Orient pour nous permettre une action plus libre dans les affaires de Crète. Dès l'abord, par tout ce que la France a fait pour les nationalités, par tout ce qu'elle a fait surtout pour la Grèce, la confiance de la Crète lui était acquise. La sympathie véritable que les Français, au contraire des Anglais, ont su inspirer aux Crétois, pouvait être un atout de plus entre nos mains. La France devait à ses traditions de prendre la cause crétoise en main. Mais les nécessités de la politique générale qui nous ont presque inféodés à l'Angleterre, jointes aux sympathies si chaleureuses que la jeune Turquie a trouvées en France, ne nous ont pas permis de faire pour la Crète tout ce que nous eussions désiré. Si la Grèce a cherché à nous exciter à une action plus décisive en évoquant au profit de ses espérances tout ce que

la France a fait dans le monde pour la liberté et pour
la justice — grands souvenirs que la Turquie n'a pas
manqué d'exploiter de son côté — si elle a joué du
philhellénisme d'un président du conseil trop ardent
et nous a fait grief de ne pas avoir réalisé des paroles
imprudentes qui ne pouvaient engager le pays, les
Crétois ont conservé pour nous des sentiments de
véritable sympathie. Il faut les attribuer d'abord à
leur conviction que la France agit seule avec un par-
fait désintéressement, d'autre part à cette sympathie
que nos troupes ont su leur inspirer. Le rôle prépon-
dérant joué par nos contingents en 1897 et en 1905
aurait pu nous aliéner les indigènes qu'il fallut réduire
à la raison. Mais le tact déployé par les officiers et
la bonhomie de nos soldats ne tardèrent pas à leur
conquérir une véritable popularité.

Quand, le 24 mai 1896, le signal du massacre est
donné à La Canée par le meurtre du cawas du consulat de Grèce, les navires de guerre français, le *Cosmao*,
puis le *Neptune*, sont les premiers à s'embosser à La
Sude. Lors des émeutes de janvier 1897, c'est le
Suchet qui reçoit les chrétiens fugitifs; trois jours et
trois nuits ses marins défendent contre les fanatiques
la mission catholique.

Plus tard, bien que, des quatre Puissances, la
France ait été la plus discrète dans l'étalage de
ses forces navales — l'amiral Pottier n'a disposé que
de six ou sept croiseurs — elle a fait le plus de
besogne. L'amiral, pour sa justice et pour sa bonté, a
laissé en Crète des souvenirs ineffaçables. Le canal
Dupourqué perçant l'isthme de Spinalonga, la route

d'Estelle traversant l'isthme d'Hiérapétra sont des travaux auxquels le nom de nos officiers restera attaché, rappelant aux Crétois ce qu'ils ont fait pour le développement de l'île. Le capitaine Eydoux a donné de toute sa partie orientale une excellente carte en trois feuilles. La carte ne devait pas se borner au secteur français ; elle devait être étendue à toute l'île, basée sur des relevés géodésiques qui ont été presque achevés en 1908.

Si les Crétois n'ont guère compris les opérations de nos officiers du génie, ils les ont vues avec joie, vaguement persuadés que le rattachement triangulaire de la Crète à la Grèce était aussi une préparation à l'*enôsis !*

Il est à regretter que l'on n'ait pas, coordonnant les travaux de nos officiers et les complétant par une exploration complète de l'île, profité de l'occupation française pour donner un digne complément à l'œuvre monumentale qui éternisera le souvenir de l'expédition de Morée. La science eût pu en bénéficier ainsi bien davantage ; mais le bon renom de la France ne pouvait être porté plus loin qu'il ne l'a été par l'affabilité dont nos officiers ont toujours su déguiser leur autorité même aux moments les plus difficiles.

En 1905, quand les gendarmes crétois sont bloqués par les insurgés les uns au cap Sidéro, les autres à Néapolis, il suffit de l'intervention personnelle, ici du capitaine commandant à Sitia, là du lieutenant commandant à San Nikolo, pour décider les insurgés à se retirer. Dans l'insurrection de cette même année, nous avons été les derniers à proclamer

la loi martiale ; canardés au passage du Platanos
nos soldats n'ont pas répondu, comme les canons de
nos cuirassés ont toujours tiré au-dessus des rassem-
blements qu'ils étaient chargés de disperser. Enfin,
chose surtout appréciée par ce peuple intelligent et
qui veut être traité comme tel, « les Français, au moins,
expliquaient leurs actes ».

On ne peut insister ici sur les mille faits qui ont
valu à la France en Crète une popularité du meilleur
aloi ; il faut espérer qu'on ne tardera pas à faire connaître au public cette belle page de notre histoire militaire qu'est l'occupation française en Crète. Si les
Crétois ont envers les Puissances protectrices quelque
confiance et quelque reconnaissance, je ne crains pas
d'affirmer que c'est à la belle conduite de nos troupes
— dont le colonel était en même temps commandant
en chef des contingents internationaux — que sont
dus ces sentiments qui n'ont pas laissé d'influer sur
l'attitude des Crétois.

Ainsi, la France jouit de toute la sympathie des Crétois et les Grecs —, malgré les véritables scènes de
jalousie que notre sympathie pour la Jeune Turquie
les amène à nous faire, — ne peuvent oublier tout ce
que la France a fait pour eux depuis l'expédition de
Morée ; en 1880, elle lui obtenait la Thessalie ; en
1886, elle refusait de se joindre au blocus humiliant
exercé par les autres Puissances. D'autre part, aucune
question de frontière ne risque de la mettre en conflit
avec la Turquie, dont elle a toujours défendu l'intégrité, aucun intérêt particulier ne se pour elle
la question Crétoise et ne compromet sa liberté d'ac

tion. Ses intérêts peuvent et doivent donc concorder, dans cette question, avec les intérêts généraux de la civilisation. Elle a trop eu, hélas! à parler du droit imprescriptible des peuples à disposer d'eux-mêmes pour le contester aux Crétois.

En même temps, alliée séculaire de la Turquie, protectrice traditionnelle des chrétientés d'Orient, amie constante de la Grèce, elle pourrait bénéficier des longues années d'une politique désintéressée jusqu'à l'abnégation qui a pu lui causer des pertes matérielles mais où son influence morale n'a fait que s'accroître. Pour toutes ces causes, c'est à la France qu'il appartiendrait de jouer un rôle décisif dans la solution de la question Crétoise en la liant à la question plus générale dont elle n'est qu'un chapitre : celle de la réorganisation sur des bases nouvelles, adaptées aux temps nouveaux qui ont lui pour l'Empire ottoman, des rapports avec les Turcs des Grecs et de tous les autres éléments chrétiens de l'Empire.

Malheureusement, déjà gênée par la politique qu'impose l'entente cordiale, la France ne trouve pas, chez celle des deux autres protectrices qui est son alliée, l'appui qui lui est nécessaire pour prendre l'initiative de cette grande œuvre.

La Russie. — En Crète, comme dans tout le reste du monde grec, la Russie eût pu jouer un rôle qui eût fait regarder vers elle, ainsi qu'au temps de Catherine II et d'Alexandre I, comme vers la protectrice désignée par le ciel. Si la communauté de race devait en faire la protectrice naturelle des Slaves, la communauté de religion pouvait attirer à elle toute l'église orthodoxe. C'est vers elle que le clergé habituait les Crétois à regarder. Dès 1700, au dire de Tournefort, ils se flattent que le grand duc de Moscovie les tirera quelque jour de la misère où ils sont et qu'il détruira l'Empire des Turcs. En 1770, l'apparition de la flotte russe dans l'Archipel amène le premier grand soulèvement de l'île, mais aussi sa première grande désillusion quand Orloff disparaît sans avoir rien fait que déchaîner la vengeance des Turcs. Jusqu'à la guerre de Crimée, l'influence de la Russie est restée prépondérante. Mais, bientôt, la question des Évangiles brouillant les deux moitiés de l'église orthodoxe, la Grèce se détournait de la Russie, protectrice de tous ses adversaires slaves, le prestige du tsar allait s'effaçant en Crète. Sans doute, la légende populaire veut que Hadji-Mikhalis, le fameux partisan Lakkiote, fauteur de toutes les insurrections, ait reçu du tsar un napoléon d'or par jour, mais l'imagerie a aussi popularisé, comme un châtiment du ciel, l'explosion qui causa une vingtaine de victimes à bord d'un des cuirassés envoyés par la Russie en 1897.

Elle a eu beau multiplier les donations aux églises, elle n'a pas reconquis la sympathie du peuple qu'elle a déçu dans ses espérances.

La désillusion a été d'autant plus grave que quelque chose avait transpiré des paroles prononcées en 1866 par le prince Gortschakoff : « Si les puissances veulent sortir des expédients et des palliatifs qui, jusqu'ici, n'ont fait que grever l'avenir des difficultés du présent, nous ne voyons qu'une issue possible : c'est l'annexion de Candie au royaume de Grèce. » On s'attendait à ce que la Crète fût la dot que la grande duchesse Olga apporterait au roi Georges et la révolte de 1866-7 éclata dans cette espérance. Mais, déjà au temps du grand chancelier, quand la Russie pensait encore à la dissolution éventuelle de « l'homme malade », elle conseillait aux maux de l'Empire le remède de l'autonomie, qui devait singulièrement contribuer à précipiter cette dissolution. Elle se borna à obtenir pour la Crète le Règlement organique de 1868 qui, appliqué, en eût fait une grande Samos. Dix années après, à San Stéfano, elle demandait seulement qu'il fût scrupuleusement appliqué.

Vingt ans plus tard, l'Allemagne a réussi à transporter du Pont-Euxin à la Mer du Japon, le rêve russe de la mer libre. Pour que rien ne vienne arrêter l'aventure mandchourienne, M. de Lobanoff pose les bases de l'entente austro-russe (août 1896) : *statu quo* absolu dans l'Empire ottoman, aucune intervention pas plus en Crète qu'en Arménie ou qu'en Bulgarie. Aussi en est-ce fini, en Crète comme dans tout le Levant, de la légende du tsar libérateur.

Quand le massacre de La Canée du 12 mai 1896 s'ouvrit par l'assassinat du *kawas* du consulat russe, on s'attendait à une intervention énergique.

La Russie se contenta de prendre l'initiative de la note des Puissances qui, le 24 juin, réclama de la Porte le retour au pacte de Halépa et la nomination d'un gouverneur général chrétien : toujours et rien que l'autonomie à la façon de Samos. Et c'est le prince de Samos, d'origine slave. Bérovitch-Pacha, qui est nommé *vali* le 28 juin.

En 1897, la Russie n'a fait que suivre la France et l'Angleterre sans jamais montrer pour le sort de l'île un intérêt véritable. Dans toutes les négociations, on sent une froideur qui confine à l'antipathie : malgré la communauté religieuse, l'immense autocratie n'éprouve aucune sympathie pour ce petit peuple épris de liberté et ne peut se décider à faire en sa faveur un effort égal à celui des deux grandes puissances libérales de l'Occident. C'est seulement parce qu'elle ne peut les laisser agir seules qu'elle participe à leur œuvre en 1897. La reine de Grèce étant une grande-duchesse, le gouvernement russe paraît désirer la constitution de la Crète en principauté autonome en faveur du second fils de la reine. S'il eût été seul, il eût probablement, par habitude autocratique, pris le parti du prince Georges contre son peuple en 1905.

Quand, l'insurrection éclatée, l'Italie suggérait la réunion d'une Conférence Crétoise, le gouvernement russe repoussait formellement la suggestion ; il se montrait, au contraire, partisan des mesures les plus énergiques à l'encontre des insurgés et poussait les contingents internationaux à intervenir « dût-on s'exposer à ce qu'ils en soient réduits à user de leurs armes [1] ». Les Russes furent les premiers à porter leur corps d'occupation à 800 hommes et préparèrent à Odessa un second corps de pareille force. Les Français, accueillis par des coups de feu au passage du Platanos, s'abstenaient de répondre ; le comte Lamsdorf s'en indignait [2] et le détachement russe, envoyé à la place

---

1. *Livre jaune, Affaires de Crète*, 1905, p. 13.
2. *Ibid.*, p. 134.

du nôtre, n'hésitait pas à « faire acte de supériorité [1] ».
Quand, les insurgés n'ayant pas déposé leurs armes
dans le délai fixé, une sorte d'état de siège fut établi dans
chaque secteur, « les mesures édictées par les Russes
à Rhétymno sont sensiblement plus rigoureuses [2] »
et ils ne tardaient pas à donner un exemple sévère en
bombardant Panormos, ce qui amenait à un véritable
combat près de Rhétymno. L'année suivante, la guerre
avec le Japon obligea les Russes à rappeler la meilleure
partie de leur contingent. Leur défaite n'a pas manqué
de diminuer encore leur prestige en Crète comme dans
tout l'Orient. Dans les pays grecs, il semble même
qu'on y ait vu comme une punition divine pour s'être
désintéressé de leur sort. Ce n'est que tout récemment
que l'intervention pacificatrice de la Russie entre la
Bulgarie et la Turquie a commencé à la relever. Mais
l'empressement montré envers la jeune Turquie a
étonné ; la visite annoncée du Tsar des Orthodoxes
au Commandeur des Croyants, trente ans après San
Stéfano, ne pourra produire qu'un effet désastreux.

Guidé par le seul désir de régler cette question des
Détroits qui n'est plus qu'une question d'amour-propre,
obéissant moins à une politique nationale qu'aux impul-
sions qui viennent de Berlin, le gouvernement russe
semble se montrer plus que jamais indifférent aux
vœux des Grecs et des Crétois dans une crise où
Londres dont il s'est rapproché se rencontre avec
Berlin pour faire prévaloir les intérêts de la Turquie.
Contre l'inertie de la Russie, contre la froideur, sinon

1. *Livre jaune, Affaires de Crète*, 1905, p. 140.
2. *Ibid.*, p. 155.

l'opposition de l'Angleterre, toute la bonne volonté manifestée par la France risque de demeurer impuissante. Vis-à-vis de son alliée et de son amie, l'appui de l'Italie, séparée sur ce point des deux autres puissances de la Triplice, pourrait-il faire pencher la balance en faveur de la Crète ?

L'Italie. — Angleterre, France et Russie étaient, depuis cette entente heureuse qui avait permis l'affranchissement de la Grèce, les protectrices naturelles de la Crète en même temps que de la Grèce. Si elles remettaient la Crète à Méhémet-Ali par le même acte de 1827 qui proclamait l'Indépendance de l'Hellade, elles promettaient à l'île les privilèges de Samos par le protocole du 20 février 1830, et, depuis, les trois puissances n'ont pas cessé d'intervenir pour protéger la Crète. Si l'Italie a été admise en 1897 dans leur concert, c'est, comme en 1880, avec toute la Triplice. Mais l'Autriche et l'Allemagne se sont bientôt retirées de cet imbroglio qui menaçait de les brouiller avec la Turquie. L'Italie est restée, d'abord pour représenter la Triplice, bien plus comme Puissance méditerranéenne. Les glorieux souvenirs de Venise l'intéressaient particulièrement à la Crète qui fut sa plus grande et sa dernière possession en Orient, et ses ambitions sur la Tripolitaine, ses rêves albanais surtout, lui faisaient sembler propice cette occasion de faire sentir à la Turquie son importance nouvelle.

Depuis le mariage du roi actuel (1896) avec la fille de Nicolas de Monténégro élevée en Russie et apparentée à la famille impériale, la « princesse lointaine » dont rêve l'ambition italienne a quitté les sables tripolitains pour les monts d'Albanie. A Tripoli, le « grand dessein » invoquait, outre l'héritage de Rome, la proximité de l'Italie et, surtout, la nécessité de faire équilibre à la Tunisie française. Dans l'Adriatique, les souvenirs de Venise renforçaient ceux de Rome. C'était de l'Autriche qu'il s'agissait de contrebalancer l'influence en cernant à l'Est cette *Italia irredenta* que l'histoire de Venise permettait d'étendre sur toute la côte qui fait face à celle de l'Italie du N.-E. Depuis l'Empire de Venise des colonies albanaises sont établies en Italie ; par elles, par les Mirdites, catholiques romains, par le Monténégro voisin, l'influence italienne pénètre en Albanie [1]. Les Italiens se flattent du moins de cet espoir et l'idée qu'en cas de crise dynastique un prince italien pourrait monter sur le trône de Grèce n'est peut-être pas étrangère à la sympathie si vive qu'ils manifestent aujourd'hui à leurs voisins de Grèce après de si longs désaccords.

A défaut de ce moyen, la conquête commerciale pouvait permettre de réaliser dans l'Adriatique l'idéal du *mare nostrum*. Dès 1899, l'Autriche faisait miroiter aux yeux de l'Italie la promesse d'une autonomie albanaise quand l'Autriche elle-même aurait réalisé à son profit celle de la Macédoine, et il n'est pas douteux que l'Italie n'ait encouragé en secret les tentatives récentes des Albanais. Comme on sait la jeune royauté facile à séduire par ces distinctions brillantes qui lui prouvent qu'elle est bien l'égale des autres grandes puissances, c'est à son amiral Canevaro qu'on

1. Sur ces tendances voir notamment le livre de Vico Mantegazza, *La Turchia liberale e le Questioni Balcaniche* (Milan, 1908).

donna le commandement suprême sur les flottes internationales dans les eaux crétoises en 1891 comme ce sont ses généraux, Degiorgis et de Robilant, qui présidèrent à la réorganisation de la gendarmerie en Macédoine.

Moins que toute autre puissance, l'Italie peut se montrer sourde aux revendications d'une nationalité. Des députés ardemment philhellènes, comme R. Galli, ne manquent pas de le rappeler de temps en temps au gouvernement.

En 1905, c'est le gouvernement italien qui se montrait le mieux disposé envers les réclamations Crétoises. Après avoir bien accueilli le prince Georges en septembre, il proposait en avril, quand l'insurrection battait son plein, de réunir une Conférence Crétoise à Rome « les plaintes des insurgés ne paraissant pas toutes injustifiées [1] ». M. Tittoni, qui présida la Conférence, dirige encore aujourd'hui la politique extérieure de l'Italie et les sympathies des Italiens pour les Crétois et les Grecs n'ont pu que s'affermir par le contre-coup de cette révolution turque qui arrête dans le germe leurs ambitions albanaises ou tripolitaines. Ils sont d'autant plus prêts à sympathiser aux regrets de la Grèce qui n'a pas su agir à temps, profiter du régime hamidien, pour opérer la réunion de la Crète, qu'ils ont les mêmes reproches à s'adresser pour leurs doubles ambitions. Au printemps 1908 l'incident des postes italiennes leur offrait l'occasion d'un conflit qu'ils ne se consolent pas de n'avoir point saisie.

Les Crétois leur rendent cette sympathie : les offi-

1. *Livre jaune*, *Affaires de Crète*, 1905, p. 73.

ciers italiens qui ont organisé la gendarmerie sur le modèle des *carabiniers* comme les savants des deux missions italiennes dont l'une fut chargée de relever les monuments de la domination vénitienne dans l'île, ont laissé le meilleur souvenir. Si voisine de la Sicile, la Crète est en constants rapports avec elle. Aussi, beaucoup d'Italiens souhaiteraient une action énergique auprès de la Turquie. Ils l'ont si bien laissé entendre, — par l'organe il est vrai de tous les journaux non gouvernementaux, — que c'est peut-être pour l'Italie que la Grèce témoigne aujourd'hui du plus de sympathie. Autant elle tient rancune à la France pour n'avoir pas réalisé les promesses prêtées au dernier Président du Conseil qu'elle confond à dessein avec les paroles non moins généreuses qu'il aurait prononcées pendant un voyage en Crète l'année d'avant son arrivée au ministère, autant elle sait gré à l'Italie de la sympathie manifestée avec une éloquence méridionale où elle se retrouve. « Que ne ferions-nous pas pour vous si nous étions seuls ! » Tel est le thème italien : seuls, il est vrai, le développent ceux qui ne sont pas du Gouvernement ou combattent sa politique. Aussi cette sympathie menace de rester platonique. M. Tittoni a resserré les liens de la Triplice. Inféodée plus étroitement à la politique austro-allemande, la politique italienne se ressent dans la question de Crète de l'attitude de ses deux alliées. Bien qu'elles aient, dès 1898, renoncé au périlleux honneur de recevoir la Crète en dépôt, l'Autriche-Hongrie et l'Allemagne pèsent, par cette abstention même, d'un trop grand poids sur la question Crétoise pour qu'il ne soit pas nécessaire d'en dire un mot.

Allemagne et Autriche-Hongrie. — Malgré l'intérêt qu'ils portent à la politique européenne, les Crétois n'ont qu'une idée vague du rôle de l'Allemagne. Ils la croient pourvue de la première armée de l'Europe ; ils savent que son empereur a été tout puissant à Constantinople ; ils s'imaginent que son intervention en leur faveur y serait décisive. J'en ai entendu qui attribuaient à son abstention le retard mis au règlement de leur sort. Ont-ils tort ? Au moins serait-il bon qu'ils sachent que, si des mesures aussi rigoureuses ont été prises en 1897 pour empêcher leur union avec la Grèce, c'est à l'Allemagne qu'elles sont dues. Lorsque le prince Georges partit pour la Crète avec ses torpilleurs, c'est elle qui a réclamé les « mesures les plus énergiques » contre « la spoliation que la Grèce prépare » ; c'est l'Empereur lui-même qui, pour empêcher la Grèce d'envoyer tout appui aux insurgés, proposait à notre ambassadeur de « bloquer sans délai le Pirée et les côtes de Grèce », proposition que la France repoussait comme elle avait refusé de se joindre au blocus de 1886.

S'empressant, d'ailleurs, de tirer son épingle d'un jeu qui eût pu la brouiller finalement avec la Turquie, — la liberté d'un si petit peuple valait-elle « les os d'un grenadier poméranien » ? —, l'Allemagne n'envoyait qu'un seul croiseur, et pendant deux mois seulement, pour participer au blocus de la Crète et pas un homme pour le corps d'occupation.

Lorsque les quatre Puissances proposèrent le prince Georges comme gouverneur général, l'abstention de l'Allemagne et celle de l'Autriche encouragèrent la résistance de la Turquie.

Cette duplicité qui restera la tare de la politique étrangère de l'Allemagne sous Guillaume II n'a pas manqué de se manifester au détriment de la Crète en 1909. Tandis que, par ses entrevues cordiales de Corfou avec le roi et le premier ministre de Grèce, le beau-frère du Diadoque donnait, en Crète comme en Grèce, l'impression — illusion sans doute — d'encourager et de sanctionner d'avance leur mutuel désir d'union, c'est lui qui l'a rendue si difficile en empêchant la réunion de la Conférence — un des actes qui pèseront le plus sur sa mémoire.

Il n'en est pas resté là. Comment mieux reconquérir la sympathie des Jeunes Turcs qu'en retardant par son abstention la solution de la question Crétoise, qu'en leur laissant le temps d'achever la soumission de l'Albanie et de masser toutes leurs forces sur la frontière grecque ? Aussi, auprès des grands chefs de Salonique formés en Allemagne, déjà gagnés par les prévenances qu'a multipliées l'ambassadeur allemand dès qu'il a été sûr de leur victoire, de quel poids n'a pas dû peser la note officielle de la *Gazette de l'Allemagne du Sud* du 16 juin 1909 :

Dans la question crétoise, le gouvernement turc n'a pas besoin d'être appuyé par une activité particulière de nos diplomates; c'est précisément en restant inactifs, en refusant de participer à la solution de la question Crétoise, que nous arrangeons la Turquie, que nous la protégeons contre une pression européenne, que nous lui assurons un traitement plein d'égards.

Ainsi, dans les affaires de Crète comme dans celles d'Arménie, l'Allemagne reste en marge du concert européen, et, par cette sorte de désaveu, annihile son action. Par l'assurance que cette conduite a donnée à

Abd-ul-Hamid, elle a sa grande part de responsabilité dans les massacres qui ont ensanglanté les deux pays en 1896. S'il est une justice dans l'histoire, elle ne profitera plus longtemps de la politique que ce sang a souillée.

Pas plus que la politique allemande, celle de l'Autriche-Hongrie n'a été guidée dans la question de Crète par des sentiments généreux, ni même par un désir sincère de servir les intérêts constants de la civilisation. Non moins égoïste que l'Allemagne, elle n'a vu que les intérêts de son commerce. Pour la conquête économique qui doit préparer la Macédoine à devenir une autre Bosnie-Herzégovine, elle a besoin de la paix qui vient d'y être rétablie. Pour éviter les nouveaux désordres qu'une révolte durable des Crétois pouvait y susciter, elle les menaçait naguère « de livrer l'île à toutes les horreurs de l'écrasement ». En 1905 elle avait annoncé que, au contraire de l'Allemagne, elle ne se désintéressait pas de la question Crétoise et se réservait « de coopérer avec les autres Puissances toutes les fois qu'il s'agirait d'une modification dans la situation politique de l'île ou d'un changement fondamental dans son administration ».

Le moment de cette coopération semble venu. La proclamation de François-Joseph du 3 octobre qui a entraîné celles de la Bulgarie et de la Crète devrait lui imposer de s'intéresser à un sort qui serait sans doute réglé si l'Autriche ne s'était pas jointe à l'Allemagne pour rendre impossible la Conférence. Toutes deux devront se partager devant l'histoire la responsabilité des crises qu'eût sans doute empêchées la Conférence.

Mais l'Autriche-Hongrie, comme l'Allemagne, ne songe qu'à mériter les bonnes grâces de la Porte. Tout ce que perdront les quatre Puissances, si elles veulent régler la question Crétoise suivant le vœu des peuples, sera autant de gagné pour les deux Empires. C'est ce qui rend si facile le jeu de la Porte et qui ajoute tant à la difficulté de la solution.

V

LA SOLUTION

L'extrême complexité de la solution vient d'abord et surtout de la différence — voire de l'opposition absolue — des intérêts en présence. Chacune des parties intéressées peut résumer son point de vue dans des thèses qu'on ne voit guère comment concilier.

La Turquie rappelle qu'elle s'est bornée à remettre la Crète entre les mains des Puissances en réservant tous ses droits de suzeraineté et que ses protestations ont répondu à chacun des actes par lesquels les Puissances portaient atteinte, en fait, à cette suzeraineté. Toute réduite qu'elle soit de fait, elle reste pleine et entière en droit. La Turquie a donc le droit international pour elle et, moins que jamais, pour les raisons indiquées plus haut, elle ne croit pouvoir renoncer à ce qui est son droit d'après la lettre des traités[1].

La Crète, elle, n'a pas le droit public pour elle.

1. Le 10 novembre encore elle a fait remettre aux Puissances une note où après avoir dénoncé tous les empiétements qui se commettent en Crète sur ses droits elle conclut : « Nous tenons à conserver intacts nos droits de souveraineté sur l'île et nous repousserons énergiquement toute participation ouverte ou déguisée d'une tierce puissance dans l'administration de la Crète. » Les Puissances seront fondées à lui faire remarquer qu'il n'a jamais été question que de la *suzeraineté* ottomane.

Aucun acte international ne lui a promis formellement l'union avec la Grèce. Mais peut-on mépriser indéfiniment la volonté unanime d'un peuple vingt fois affirmée ? Jamais l'union n'a cessé d'être réclamée par les neuf dixièmes des habitants de l'île ; bien plus, ils soutiennent que son soulèvement victorieux de 1896-97 la lui aurait donnée sans l'intervention des Puissances. La Crète n'a accepté d'elles l'autonomie qu'en déclarant qu'elle n'y voyait qu'une étape vers la réalisation de son désir plus ardent que jamais. De quelque libéralisme que les Turcs fassent preuve à leur égard, les haines accumulées pendant des siècles ne s'oublieront jamais. De petits faits sont caractéristiques : quand les Crétois virent que le drapeau de la Crète autonome portait un croissant ils se refusèrent à l'adopter et il fallut que le grand philologue crétois, Jannaris, professeur à l'Université d'Athènes, leur prouvât que les empereurs de Byzance avaient fait usage de ce symbole avant les destructeurs de leur empire. Partout, les maisons abandonnées des Musulmans restent vides ; parfois, à côté d'agglomérations chrétiennes plus pauvres, on rencontre, déserts, de beaux villages turcs ; aucun Chrétien ne voudrait habiter ces lieux souillés et maudits. Le nom *Tourkokrêtes* « Créto-Turcs » a été formé à l'usage de la diplomatie européenne ; le paysan de Crète ne connaît que « Chrétien » d'une part, « Turc » de l'autre. Entre eux, la religion et une longue histoire sanglante ont creusé un fossé qu'aucune bonne volonté ou aucune rigueur ne sauraient plus combler. A côté de l'énergie qu'inspire une haine aussi profonde, le développement de l'île depuis dix ans et la conscience prise par les Crétois de leur force leur permettent de croire qu'ils n'auraient plus besoin du concours armé des Puissances pour faire prévaloir contre les Turcs la réalisation de leurs aspirations nationales. On a vu que toutes les paroles que leur ont adressées les Puissances étaient de nature à encourager leurs aspirations, que tous les actes qu'elles ont faits ou laissé faire semblaient autant d'acheminements à leur réalisation.

La Grèce n'a aucun titre juridique à la possession de la Crète. On ne peut lui demander, cependant, de repousser le vœu des Crétois, qui est le sien, de renoncer à une union qui a été de tout temps son désir autant que celui des Crétois. Tout ce qu'on a le droit d'exiger d'elle, c'est qu'elle n'intervienne pas dans le débat. La conscience de sa faiblesse s'est ajoutée aux conseils de la raison pour lui faire tenir la conduite irréprochable qui devrait lui valoir la sympathie de l'Europe. Celle-ci ne doit pas oublier que, pour faible que soit la Grèce, son intervention en octobre 1908 dans la crise balkanique aurait pu en rendre la solution autrement difficile. Les Puissances l'ont empêchée alors d'intervenir en lui assurant que la question Crétoise serait soumise au prochain Congrès. Le Congrès ne s'est pas tenu. Les Puissances ne peuvent, sans se déshonorer, arguer de la faiblesse de la Grèce en face de la force turque pour se dérober à leur parole donnée d'aviser à la solution de la question Crétoise.

Si les quatre Puissances se trouvaient seulement prises entre leur engagement vague de respecter la

suzeraineté du Sultan et leurs promesses aux Crétois et aux Grecs, il est probable qu'elles auraient
trouvé moyen d'obliger Abd-ul-Hamid à renoncer à sa
suzeraineté. Toute l'histoire de la Crète au XIXᵉ siècle
pouvait montrer que la Turquie n'était plus en état
d'y maintenir l'ordre et la prospérité. Si le glaive la
lui avait donnée, elle en avait trop abusé pour qu'on pût
lui remettre avec confiance l'île pacifiée. Mais la révolution de juillet 1908 complétée par celle d'avril 1909
a profondément changé les données de la question.
Pour la première fois, des chances de réforme véritable paraissent assurées à l'Empire ottoman. L'Europe peut-elle les compromettre en traitant le nouveau
régime comme elle n'eût pas hésité à traiter l'ancien ?
Le nouveau programme : fraternité des races, liberté,
égalité, justice, est trop beau pour qu'on ne lui fasse
pas crédit. Si la cession de la Crète à la Grèce doit
vraiment mettre en péril cette rénovation de l'Orient
ottoman, les intérêts supérieurs de la civilisation ne
peuvent faire hésiter les Puissances. Elles hésiteront
d'autant moins que les intérêts particuliers, auxquels
ces intérêts supérieurs servent trop souvent de cou-
verture, leur rappellent que tout ce qu'elles perdront
en intervenant en faveur de la Crète, dans les bonnes
grâces et dans les bonnes commandes de la Porte,
sera autant de gagné par leurs rivales, l'Allemagne et
l'Autriche-Hongrie.

La conduite des diplomaties allemande et austro-
hongroise, indignes des grands peuples qu'elles sont
censées représenter, ne saurait jamais être assez
réprouvée. Elle crée aux Puissances protectrices des

difficultés presque insurmontables dans l'accomplissement de leur mission. Que les intérêts supérieurs de
la civilisation décident en faveur de la cession de la
Crète ou en faveur du maintien de l'autonomie, par
cette attitude des deux gouvernements dont les vues
égoïstes ont déjà empêché la réunion de la Conférence
qui devait résoudre la question Crétoise, les Puissances protectrices, soucieuses de leurs intérêts nationaux, se voient obligées à faire prévaloir la considération de ces intérêts particuliers sur celle des intérêts supérieurs de la civilisation.

Unanime, l'Europe aurait pu imposer la solution
dictée par ces intérêts supérieurs. Divisée en deux
moitiés concurrentes, il devient indispensable de
recourir à des négociations. La nécessité de ces négociations est généralement reconnue. Mais où en trouver
les bases ?

M. Victor Bérard a rappelé que le traité de
Berlin avait stipulé une augmentation territoriale du
royaume hellénique. Deux ans plus tard (1880) la Conférence internationale de Berlin spécifiait que l'Épire
méridionale jusqu'à la rive gauche du Kalamas, et de
la Selembria, c'est-à-dire jusqu'en face de Corfou,
serait cédée à la Grèce. Notre ambassadeur à Berlin,
M. de Saint-Vallier, disait : « Vous rendez la Crète
aux Turcs qui sont incapables de la tenir, et vous
donnez l'Épire aux Grecs qui sont incapables de la
prendre : faites l'échange [1]. » Admis, en effet, au
Congrès sur l'initiative de l'Angleterre et de la France,
MM. Delyannis et Rangabé avaient exposé que la

1. V. Bérard, *Revue de Paris*, 1er juillet 1909, p. 223.

Grèce tenait surtout à la Thessalie et à la Crète. Le Congrès, on l'a vu, avait écarté la Crète en y substituant une partie de l'Épire. Poussée par les Albanais, la Porte menaça de faire la guerre plutôt que de céder l'Épire du Sud à la Grèce et un coin d'Albanie au Monténégro. Il fallut l'apparition devant Dulcigno d'une escadre internationale pour le faire remettre aux Monténégrins. Mais la Grèce ne bénéficia pas de cette intervention et la Porte ne lui en disputa que plus âprement l'Épire, offrant tour à tour — fait à noter — la Crète avec ou sans la Thessalie.

M. Bérard paraît croire que l'échange pourrait encore se discuter. C'est oublier que le traité du 22 mai 1881 imposé par les Puissances tant à la Grèce qu'à la Turquie a fixé la frontière grecque à l'Arta, que le protocole 13 du Congrès de Berlin est resté lettre morte. Si l'on voulait le faire revivre après près de trente ans d'oubli, les Turcs seraient en droit de parler de mauvaise foi. Il en serait autrement si les Grecs avaient été vainqueurs en 1897. Mais le siège de Prevesa et la marche sur Ianina qu'ils tentèrent alors ont attiré l'attention des Turcs sur l'importance stratégique de cette partie de l'Épire qui permet de pénétrer en Grèce à 100 kilomètres au Sud de la frontière thessalienne, qui permettrait à l'armée d'Albanie d'arriver sur le golfe de Corinthe en même temps que celle de Macédoine apparaîtrait sur le golfe de Volo ; les Turcs s'en sont rendus compte en 1897. La frontière telle qu'elle fut fixée par le traité gréco-turc est toujours celle de l'Arta. Moins que jamais après leur récente campagne en Albanie, les Turcs ne peuvent laisser les Grecs faire un pas si considérable dans une région où ils ne trouvent leur influence que trop profonde. Cependant, il ne serait pas inopportun de rappeler à la Turquie que sa défaite lui avait valu en 1878 des conditions autrement rigoureuses que celles qui lui furent finalement imposées et qu'elle ne manifestait pas alors la même horreur à l'idée de céder la Crète, l'île lointaine que ses incessantes révoltes lui rendaient si onéreuse.

M. Bourchier, le correspondant du *Times* en Orient, n'a pas cherché une compensation territoriale dans l'arsenal des traités. Il a invoqué un exemple qui, à l'en croire, permettrait de tout concilier : « Tout en maintenant le drapeau turc sur La Sude, on pourrait permettre aux Crétois d'envoyer des députés au Parlement hellénique et sanctionner l'assimilation des administrations grecque et crétoise d'après le précédent de la Roumélie orientale. » L'exemple est, en effet, instructif à plus d'un titre.

Malgré les promesses russes, le traité de Berlin avait maintenu les Bulgares du Sud séparés de leurs frères du Nord. Tandis que ceux-ci formaient un État indépendant de fait et qui avait choisi lui-même pour prince Alexandre de Battenberg, la Roumélie orientale devait se contenter de *l'autonomie*, avec milice nationale, gendarmerie indigène, assemblée élue en partie, gouverneur chrétien nommé par le Sultan avec le consentement des Puissances. Il fallut toute l'habileté du premier gouverneur, prince Vogoridis, pour maintenir cet état de choses jusqu'en 1884. Dès que son successeur fut nommé, *l'union* avec la Bulgarie fut réclamée par la population entière, convaincue qu'elle ne pourrait qu'ainsi vivre véritablement et se développer. Sauf la petite minorité grecque, elle collabora toute à la révolution : le 18 septembre 1885, à Philippopoli, Alexandre était proclamé prince des Bulgaries unies. Le prince n'hésita pas : le lendemain il était à Philippopoli, exhortant ses nouveaux sujets à se préparer aux épreuves que leur résolution ne pouvait manquer de déchaîner sur la Bulgarie mais affirmant aussi « que la réunion des deux Bulgaries s'est faite sans intention hostile à l'égard du gouvernement impérial ottoman, dont je reconnais la suzeraineté ». En effet, tandis que la Turquie se bornait à faire promettre, par la Conférence internationale réunie à Constantinople, l'amnistie aux Rouméliotes s'ils voulaient revenir à l'autonomie — proposition que ceux-ci rejetaient d'une seule voix — la Grèce mobilisait avec tant de véhémence que l'Europe dut mettre ses côtes en état de blocus ; le roi Milan entrait en Bulgarie à la tête de l'armée serbe. Sa retentissante défaite permit au gouvernement bulgare d'entrer en négociations directes avec la Porte. C'est alors que fut conclu l'arrangement cité en modèle par M. Bourchier : le prince de la Bulgarie, prince vassal du Sultan mais héréditaire, était nommé gouverneur de la Roumélie pour cinq ans et, moyennant un tribut annuel de 2.900.000 frs, la Porte s'engageait à renouveler ses pouvoirs après ce terme, réélection qui devait être soumise à l'approbation des Puissances. Cette différence établie entre les deux Bulgaries était si contraire à l'aspiration des peuples et à la force des choses, qu'elle est restée purement théorique : les deux principautés bulgares devaient se réunir comme la Moldavie et la Valachie se sont fondues en 1858. A l'exception du tribut régulièrement payé, la Roumélie a été administrée comme la Bulgarie bien avant leur commune union en royaume bulgare le 5 octobre 1909.

S'ils étaient assurés que l'union personnelle dût amener, en Crète comme en Roumélie, à l'unité nationale, nul doute que Grecs et Crétois ne seraient disposés à s'en contenter. Mais la situation n'est assimilable ni en droit ni en fait. Pour la Turquie, ce n'était pas renoncer à la Roumélie que d'en céder l'administration au prince vassal de Bulgarie, tandis que ce serait l'abandon de la Crète que de la remettre, même pour une période déterminée et moyennant tribut, au roi des Hellènes. Les Turcs peuvent-ils croire que leur adversaire de 1897 hésiterait là où un prince leur vassal et leur obligé n'a pas hésité? Moins circonspect, pourvu d'une meilleure armée et de meilleures finances, le roi Georges n'eût-il pas déjà imité Ferdinand de Bulgarie? Aussi, le gouvernement d'Abd-ul-Hamid a-t-il refusé de reconnaître cette nomination du prince Georges qui était, de fait sinon de droit, l'union personnelle entre la Crète et la Grèce. Autant les Turcs ont raison à leur point de vue de ne pas vouloir laisser se renouveler une aussi dangereuse union, autant les Crétois qui ont chassé le prince Georges doivent se reprocher d'avoir détruit euxmêmes une combinaison destinée sans doute à porter tôt ou tard pour la Grèce les mêmes fruits qu'elle a donnés en vingt ans à la Bulgarie.

Du précédent allégué par M. Bourchier, il n'y a donc à tirer pour la Crète et pour la Grèce, que des exemples de patience et de prudence — des modèles surtout de bonne administration et d'énergie, si elles considèrent que c'est la forte armée et les excellentes finances de la Bulgarie qui lui ont permis de réaliser une union dont il n'est question que depuis un quart de siècle, alors que celle de la Crète avec la Grèce est, depuis plus de trois quarts de siècle, le rêve de tous ceux qui songent à la Grande Idée.

Chypre pourrait fournir une autre base de négociations. Elle est entre les mains de l'Angleterre. En apparence ce serait un acte de générosité ; en réalité un acte de profonde politique [1]. On a déjà indiqué plus haut que Chypre était une des acquisitions dont les Anglais avaient le moins à se louer. Si Disraëli l'a occupée, c'est pour que l'Angleterre ne restât pas les mains vides devant les progrès que le traité de Berlin marquait pour la Russie et les Slaves. Il crut, ou feignit de croire, — il fit croire en tout cas — que cette possession surveillait la route de Constantinople à Suez et permettait de contrebalancer en Asie Mineure les progrès de la Russie en Arménie. Chypre devait surveiller aussi le débouché de cette ligne de Séleucie à Koweït que les Anglais pensaient alors à établir comme la voie la plus courte vers l'Inde. Le traité secret (4 juin 1878), « pour la défense des territoires de Sa Majesté Impériale le Sultan par la force des armes »,

1. L'idée d'une pareille négociation commence à se faire jour dans certains journaux anglais. Voir par exemple le *Daily News* du 1er août 1909.

expliquait qu' « afin de mettre l'Angleterre en mesure d'assurer les moyens nécessaires pour l'exécution de ses engagements, Sa Majesté Impériale le Sultan consent à assigner l'île de Chypre pour être occupée et administrée par elle ». Les Anglais ne tardèrent pas à s'apercevoir qu'ils n'avaient jamais fait de plus mauvaise affaire. Pas un port dans toute l'île qui pût recevoir leurs cuirassés ; pas une ville où leurs troupes pussent se trouver à l'abri d'un climat très déprimant. L'île elle-même, jadis si fertile, ne pouvait être remise en valeur que par des travaux énormes ; d'autres millions devaient être engloutis dans des ports si l'on voulait rendre quelque activité au commerce. Enfin, la population, presque exclusivement grecque, n'a varié envers les fonctionnaires et les officiers anglais que dans la violence de son antipathie. Récemment encore, lors de la nomination de l'archevêque orthodoxe, elle s'est livrée aux manifestations les plus tumultueuses.

Rien qu'à occuper l'île, — ce n'est que dans les dernières années qu'ont été entrepris des travaux nécessaires à sa mise en valeur, — Chypre a coûté à l'Angleterre beaucoup plus qu'elle ne lui a rapporté. On comprendrait ces sacrifices si la position avait l'importance stratégique qu'on lui avait d'abord prêtée. Mais l'expérience a abondamment montré qu'elle ne pouvait jouer le rôle de base d'opérations navale ou militaire. Pour maintenir sa position dans l'Empire ottoman, Malte et Alexandrie suffisent à l'Angleterre.

Si les Anglais veulent appuyer cette position sur autre chose que sur la force et sur la crainte, aucune mesure ne semblerait plus efficace qu'une rétrocession de Chypre à la Turquie, rétrocession qui ménagerait l'abandon de la Crète à la Grèce. La Porte, qui a reconnu l'annexion de la Bosnie-Herzégovine moyennant la rétrocession de Novi-Bazar, trouverait ici une compensation semblable, mais meilleure. Quant aux Grecs, non seulement l'Angleterre échappera au reproche d'opprimer une partie, si petite qu'elle soit, de l'hellénisme, mais elle acquerra des droits à une reconnaissance à laquelle l'essor commercial des Grecs, leur mainmise sur tout le trafic maritime de la Méditerranée orientale donnent un intérêt pratique.

A l'avènement de Georges Ier (1863), l'Angleterre a affermi son règne et assuré l'influence anglaise en Grèce contre celle de la Russie par l'habile cession des îles Ioniennes. Si elle ne veut pas voir la dynastie qu'elle a tant soutenue sinon s'effondrer, du moins se jeter, pour l'éviter, entre les bras de ses rivales, ne serait-ce pas pour elle d'une politique aussi généreuse qu'intelligente que d'abandonner à la Turquie le poids mort de Chypre pour donner, avec la Crète, une force nouvelle à l'entente gréco-anglaise ? Si la Turquie ne veut pas négocier directement avec la Grèce, on peut s'inspirer du précédent de Villafranca. La Crète cédée à l'Angleterre en retour de Chypre et rétrocédée par elle à la Grèce, ce serait, en Orient, le triomphe de l'influence anglaise pour la paix et pour le progrès et ce serait un honneur pour la France que d'être l'intermédiaire d'une semblable négociation.

*
* *

Quelle que soit la base de négociation adoptée, il est nécessaire que des négociations aient lieu et qu'elles ne tardent plus longtemps. Elles ne sauraient aboutir si elles ne considèrent que la lettre des protocoles et les intérêts particuliers. Leur réussite n'est pas douteuse si, de ces intérêts du moment, elles lèvent les yeux vers la cause de la civilisation qui est éternelle. Vers quelle solution ses intérêts supérieurs doivent-ils diriger?

J'ai exposé toutes les raisons que les Turcs pouvaient invoquer pour ne pas laisser se conclure l'union de la Crète avec la Grèce. Je crois l'avoir fait aussi complètement que possible *au point de vue turc* après avoir analysé *le point de vue crétois*. Mais l'Europe faillirait à sa mission si elle se laissait dominer par le premier point de vue plutôt que par le second, parce que la Turquie est plus forte. Les arguments turcs doivent être examinés au point de vue des intérêts de la civilisation et du progrès.

On peut les distinguer en quatre groupes. Le premier argument est celui du point d'honneur : tout respectable qu'il soit, il ne saurait prédominer sur les intérêts supérieurs et les Puissances pourraient lui opposer leur point d'honneur engagé par les promesses faites à la Crète. Elles ne les lient pas seulement vis-à-vis de la Crète et de la Grèce, elles les lient vis-à-vis d'elles-mêmes. Le second invoque le droit imprescriptible de la conquête et montre le glaive toujours prêt à le soutenir :

mais l'Europe d'aujourd'hui ne saurait sans déchoir laisser prévaloir sur la volonté unanime d'un peuple le droit du glaive ni reculer parce qu'on menace de le tirer de nouveau. Sans doute, la Grèce est faible. Mais, comme M. Denys Cochin l'a dit à la Chambre française : « Est-on donc le plus faible lorsqu'on a pour soi la Russie, l'Italie, l'Angleterre et la France [1] ? »

L'argument statistique, celui qui montre la Crète étape nécessaire entre l'Asie Mineure et la Tripolitaine, n'est pas davantage recevable. Pour qu'il ait véritablement sa valeur, il faudrait en effet que la Turquie pût se faire en Crète une base navale. Aucune des Puissances n'est disposée à laisser prendre à la Turquie une attitude aussi hostile ni à laisser revenir sur l'autonomie qu'elles ont organisée ; elles ne peuvent pas ignorer que le premier soldat turc qui débarquerait dans l'île y déchaînerait la guerre sainte. Le laisser débarquer, ce serait ruiner de leurs propres mains toute leur œuvre de pacification et de réorganisation en Crète et porter un coup fatal à leur prestige dans tout l'Orient, prestige qui reste encore lié à la cause de la civilisation.

Reste l'argument le plus important : permettre à la grande île de réaliser son aspiration nationale ce serait autoriser toutes les autres terres grecques de l'Empire à poursuivre le même espoir, ce serait précipiter la dislocation de l'Empire dont on veut maintenir l'intégrité par la réforme ; ce serait étouffer dans son germe toute l'œuvre de réforme.

Je crois, en effet, que la question de Crète peut être

1. *Journal officiel* du 5 juillet 1909 et son article de *L'Hellénisme*, mai-juin 1909.

la pierre de touche pour la sincérité et la possibilité de la réforme. Aussi la question est-elle avant
tout une question de politique intérieure. Comme telle,
voici comment l'on doit souhaiter que l'entendent
ceux qui dirigent et les affaires et l'opinion publique
dans l'Empire ottoman.

La possession de l'île, restant autonome comme elle
l'est aujourd'hui, ne présenterait aucun avantage matériel pour l'Empire ottoman. Voudrait-il restreindre
l'autonomie, ce serait s'engager dans une nouvelle
ère de luttes sanglantes, rouvrir la plaie béante que
la Crète est, depuis près d'un siècle, au flanc de
l'Empire. Les fautes de l'ancien régime lui ont,
en réalité, fait perdre la Crète. Cette perte était accompli en fait, sinon sanctionnée de droit, quand le nouveau régime s'est établi. Aussi est-il fondé à
la faire passer dans le legs déplorable de l'ancien régime ; c'est ainsi qu'il l'aurait considérée sans
doute si la question Crétoise avait été réglée, comme
elle aurait dû l'être, en même temps que celles de
la Bulgarie et de la Bosnie-Herzégovine. Mais
l'abandon de la Crète serait-il le signal de défection
pour d'autres terres helléniques ? Je ne le pense pas. La
position excentrique de la Crète ne lie pas nécessairement à son sort celui des autres îles. Chez elles, la
liberté plus grande laissée par la Porte n'a pas accu-
mulé ces trésors de rancunes et de haines, n'a pas fait
verser ces flots de sang qui rendent impossible le
rétablissement de la domination ottomane en Crète.
Accompli de bonne foi et de bonne grâce, son abandon n'aura pas nécessairement un retentissement
dangereux dans les autres grécités de l'Empire.

Malgré quelques revendications de pure forme, les grécités de l'Asie Mineure et de ses îles savent bien que l'union avec la Grèce n'est ni possible ni même désirable pour elles. Ce n'est pas vers Athènes, mais vers Constantinople qu'elles regardent. C'est là, elles le savent, qu'est leur avenir et rien n'a été plus sincère que la joie avec laquelle elles ont accueilli le nouveau régime. Ce qui s'est passé aux élections n'a pas laissé de refroidir leur enthousiasme. Pour leur rendre confiance, il leur faut une preuve que les Turcs abandonnent leur vieille politique d'écrasement ou d'avilissement des Grecs. Si le gouvernement nouveau veut sincèrement réformer la Turquie, il ne peut mépriser les sentiments des six millions de Grecs qu'elle compte. La réforme, on l'a assez répété, ne peut se faire que par le concours loyal de tous les éléments qui peuplent le grand empire, que par l'oubli de toutes les vieilles haines de race et de religion. L'intransigeance du gouvernement jeune-turc dans la question de Crète ne laissera pas de détourner de lui toute la population hellénique. Au lieu de l'enthousiasme unanime qui, il y a un an à peine, faisait concevoir de si belles espérances, elle pourra avoir pour contre-coup des émeutes à Salonique ou à Smyrne. Elle ne pourra aussi que lui aliéner les sympathies des quatre Puissances qui ont pris en main la cause de la Crète et qui ne peuvent admettre que le comité de Salonique leur dicte une solution. Sans doute, sa dignité et son intérêt imposaient à la Turquie l'attitude qu'elle a prise dans la question de Crète; mais, si elle rentrait en possession de l'île par une guerre victorieuse, la

Crète ne serait de nouveau qu'un foyer de révoltes où elle consumerait le meilleur de ses forces. La guerre une fois entreprise, il est douteux qu'elle ne se généralise pas de façon à faire courir à la Turquie les plus grands risques tant intérieurs qu'extérieurs ; en tout cas, par l'hostilité certaine des six millions de Grecs de l'Empire, ce serait compromettre dans son germe la grande œuvre entreprise.

Que la Turquie prenne le temps de la réflexion : la situation des Crétois n'est pas si douloureuse qu'ils ne puissent attendre encore quelques mois. Si les montagnards commettent quelque imprudence, la gendarmerie et la milice, non seulement plus disciplinées, mais plus éclairées par le contact des officiers européens, permettront à tout gouvernement crétois, soucieux de l'avenir de sa patrie, de maintenir l'ordre, condition de l'union. Aux Grecs de la grande île et à ceux de la mère-patrie, on ne peut donc que prêcher encore la patience et la poursuite active de leur réorganisation dans l'ordre légal. Mais les Puissances doivent sans plus de retard s'adresser au bon sens des Turcs et leur faire comprendre la solution qu'imposent les intérêts supérieurs de leur Empire.

Dans ses rapports avec les Grecs et avec tous les chrétiens de l'Empire, on sait combien le gouvernement turc est gêné par les privilèges des différentes Églises chrétiennes et par les prérogatives que les Capitulations concèdent aux Puissances. Naturels et nécessaires dans l'ancienne Turquie autocratique et fanatique, ces privilèges et prérogatives ne peuvent persister dans la nouvelle Turquie du Parlement et des

Réformes, de l'égalité partout instituée et de l'instruction partout répandue. Elle a annoncé à plusieurs reprises, l'intention de poursuivre l'abolition de ces privilèges incompatibles avec le nouvel état de choses qu'elle cherche à fonder. Le règlement de la question Crétoise ne se lie-t-il pas tout naturellement à cette réorganisation, dans tout l'Empire ottoman, des rapports entre les Musulmans et les Chrétiens dont la majorité est grecque? Si le gouvernement de Méhmed V obtenait cette réorganisation, quel Turc, véritablement soucieux de rendre viable le régime nouveau, n'y verrait pas plus qu'une compensation à l'abandon de l'île que les fautes de l'ancien régime ont perdue? S'il y a des arriérés de tributs et, des indemnités aux émigrés musulmans à payer, la Crète est assez prospère pour que ses protectrices lui consentent le grand emprunt qui lui permettra à la fois de se libérer définitivement et de mettre en œuvre ses ressources naturelles.

Telle est la solution véritablement conforme non seulement au droit qu'ont les peuples de disposer d'eux-mêmes mais, je ne crains pas de l'affirmer, aux intérêts supérieurs de la Turquie, au progrès même de la civilisation en Orient. Le faire comprendre aux jeunes Turcs, ce serait l'honneur des quatre Puissances, de la France surtout qu'intéresse la première toute transformation au régime des Capitulations, de la France qui, en prenant l'initiative, s'affirmerait de nouveau sur la scène du Levant dans toute l'ampleur de son rôle historique. La résistance des Jeunes Turcs a été assez longue pour que tout l'honneur soit sauf.

Loin d'être ébranlée par une cession de la Crète contre d'aussi larges compensations, leur position politique pourra en être affermie.

Remise sous leur autorité, cette belle île ne serait plus qu'un poids mort, sinon un gouffre sanglant. Rendue à ses destinées naturelles, conformes au vœu de son peuple et aux promesses de l'Europe, elle peut à la fois procurer à la nouvelle Turquie de quoi activer le progrès matériel de qui toute sa prospérité dépend, et de quoi s'assurer, dans la liberté et dans l'égalité, le concours dévoué de l'Hellénisme. Cet acte de justice ne lui sera pas moins profitable qu'à la Grèce. Tous ceux qui espèrent en l'avenir de la Turquie réformée et qui ont confiance dans le développement pacifique de l'Orient ne peuvent que l'adjurer d'y réfléchir.

———

I

TEXTE DÉFINITIF DE LA NOTE COLLECTIVE REMISE LE 3 AVRIL 1905 AU PRINCE HAUT-COMMISSAIRE EN CRÈTE

3 avril 1905.

Unanimement disposées à donner un nouveau témoignage de leur sympathie pour le peuple crétois et désireuses de faciliter, dans la mesure du possible, l'accomplissement de la tâche confiée à S. A. R. le Prince Georges de Grèce, leur Haut-Commissaire en Crète, les Puissances protectrices ont examiné, avec la plus grande bienveillance, les observations présentées par Son Altesse Royale à l'occasion de son récent voyage en Europe.

Afin de prévenir toute interprétation erronée de leurs présentes dispositions, elles ont, d'un commun accord, jugé utile de les faire connaître d'une façon précise à Son Altesse Royale.

Elles estiment d'abord qu'il n'est pas possible, dans les conjonctures actuelles, de modifier le statut politique de la Crète. Les Puissances protectrices promettent d'ailleurs par la présente déclaration de ne pas annexer l'île elles-mêmes et de ne pas permettre l'annexion par une autre Puissance contre le gré des habitants.

L'Autriche-Hongrie a fait savoir de son côté qu'elle adhérait à cet engagement et l'Allemagne, à laquelle le texte de la présente note a été communiqué, a déclaré qu'elle reste, comme par le passé, une Puissance désintéressée des affaires de Crète.

Pour le jour où la tranquillité sera rétablie en Crète, les Puissances protectrices se sont mises d'accord sur le projet de réduire chacune de moitié les contingents de troupes qu'elles entretiennent dans l'île. Elles croient devoir signaler, en vue de cette éventualité, l'intérêt qui s'attache à augmenter encore, dans la mesure du besoin, l'effectif de la gendarmerie afin de ne pas laisser péricliter, par la diminution des contingents étrangers, la sécurité et la paix publique.

Pour remédier à une situation financière signalée comme peu favorable, il est à souhaiter que les Crétois concentrent principalement leurs efforts sur le développement économique du pays.

Dans cet ordre d'idées, le Prince Haut-Commissaire peut compter sur le concours des Puissances protectrices ; celles-ci seraient dès à présent disposées à accepter l'ajournement, pendant cinq ans, du service des intérêts dus pour les quatre millions qu'elles ont avancés au Gouvernement Crétois.

Les ressources de l'île, judicieusement administrées, peuvent offrir des gages pour la réalisation d'un emprunt qui permettrait de faire face aux dépenses les plus urgentes et à des entreprises de travaux publics de nature à augmenter la prospérité du pays ainsi que le chiffre des indemnités accordées aux Crétois et aux Hellènes victimes des troubles insurrectionnels, la somme d'un million affectée au payement des dommages subis par les étrangers restant acquise, en tout état de cause. Les Puissances proposent d'envoyer deux experts financiers pour étudier les conditions économiques de la Crète, ainsi que le système d'impôts en vigueur. Les conclusions de ces agents ne manqueraient pas de faciliter l'émission d'un emprunt qui pourrait être gagé sur la surtaxe douanière, prolongée pendant le nombre d'années nécessaires, et sur certains droits de port, d'entrée et de sortie, d'ancrage et de lest établis après entente avec les Gouvernements.

Les Puissances protectrices trouveraient encore une occasion de manifester leur bienveillance pour la population et le Gouvernement Crétois en rappelant à la Sublime Porte des demandes présentées par le Prince Haut-Commissaire, le 9 juillet 1901, et qui n'ont pas, à l'heure actuelle, reçu satisfaction. Elles insisteraient en conséquence à Constantinople pour obtenir : 1º la reconnaissance du drapeau crétois ; 2º la remise à l'État Crétois des condamnés crétois détenus dans les prisons de l'Empire ottoman ; 3º la signification des actes judiciaires crétois en Turquie.

En portant ce qui précède à la connaissance de S. A. R. le Prince Haut-Commissaire, les Puissances protectrices sont obligées de bien marquer que ces satisfactions doivent être considérées comme le maximum de ce qu'elles peuvent consentir présentement.

(*Livre jaune, Affaires de Crète*, 1905, nº 88.)

II

NOTE DES PUISSANCES PROTECTRICES
SUR LES RÉFORMES A INTRODUIRE EN CRÈTE
A LA SUITE DE L'INSURRECTION DE 1905

Les Puissances Protectrices ont examiné dans l'esprit le plus bienveillant à l'égard de la Crète les conclusions des délégués qu'elles avaient envoyés dans l'île à la suite des troubles de 1905, et, au moment où l'Assemblée nationale récemment élue va commencer ses travaux, elles tiennent à marquer au peuple crétois l'intérêt qu'elles lui portent en même temps que leur désir très sincère de tenir compte dans la mesure du possible de ses légitimes aspirations.

S'inspirant des propositions de leurs délégués, les Puissances jugent possible d'élargir dans un sens plus national l'autonomie de l'île et de prendre une série de dispositions de nature à améliorer la situation matérielle et morale de la Crète.

A cet effet elles se sont mises d'accord pour arrêter les mesures suivantes.

Mise à l'étude sans aucun délai d'une réforme de la gendarmerie et de la création d'une milice où l'élément crétois et hellénique pourrait être développé progressivement sous la réserve que les officiers hellènes dont on accepterait le concours seraient rayés des cadres de l'activité de l'armée grecque ; retrait des forces internationales aussitôt que la gendarmerie et la milice crétoises seront formées et mises sous les ordres du Haut-Commissaire, que l'ordre et la tranquillité seront rétablis et que la protection de la population musulmane sera assurée.

Prolongation de la surtaxe douanière 3 °/₀ permettant de conclure avec les garanties nécessaires un emprunt de neuf millions trois cent mille francs dont trois millions trois cent mille serviraient au paiement immédiat des indemnités aux indigènes et aux hellènes et dont le reste serait réservé à des travaux d'utilité publique.

Extension à la Crète de la commission de contrôle des finances helléniques et désignation d'un fonctionnaire étranger chargé de créer un service d'inspection des finances et de faire annuellement son rapport à la Chambre.

Recommandation aux Consuls Généraux de s'adresser pour les affaires courantes aux Conseillers responsables du Gouvernement Crétois dont l'autorité administrative se trouvera ainsi accrue, tandis qu'on évitera des causes de froissements de nature à atteindre le prestige personnel du Haut-Commissaire.

Ajournement jusqu'en 1911 du paiement des intérêts et de l'amortissement de l'avance des quatre millions consentie à la Crète par les Puissances Protectrices.

Envoi aux Ambassadeurs à Constantinople d'instructions en vue du règlement des difficultés encore pendantes entre la Turquie et la Crète, telles que celles relatives : au drapeau crétois, aux actes judiciaires, aux Crétois détenus dans les prisons ottomanes, aux droits de phares, aux taxes télégraphiques, à la nomination des cadis et à la protection des Crétois à l'étranger et en Turquie.

Traitement sur un pied d'absolue égalité des éléments chrétien et musulman en ce qui concerne notamment l'exercice des fonctions publiques, l'organisation des démogéronties et la réglementation de l'action des mutévélis ; formation d'une commission mixte, mi-partie consulaire, mi-partie crétoise, pour examiner les cas de dépossessions de mosquées, terrains, cimetières, etc., commises au préjudice des collectivités musulmanes.

Les Puissances Protectrices considèrent d'autre part comme indispensable que l'Assemblée nationale Crétoise révise un certain nombre d'articles de la Constitution permettant de réaliser les réformes projetées dans l'intérêt de l'île et portant sur les points suivants : organisation de la milice, formalités d'expropriation, session et budget annuels, création d'un organe de contrôle financier, garanties pour le recrutement et la stabilité des fonctionnaires.

En faisant part de ces décisions au Peuple Crétois, les Puissances Protectrices ne doutent pas qu'il ne se rende compte que tout pas en avant dans la réalisation des aspirations nationales est subordonné à l'établissement et au maintien de l'ordre et d'un régime stable.

Le 10-23 juillet 1906.

(*Journal officiel de l'État Crétois*, 12 juillet 1906.)

III

NOTE DU HAUT-COMMISSAIRE ZAIMIS
ANNONÇANT LE DÉPART DES CONTINGENTS
INTERNATIONAUX

« Les Puissances Protectrices ont décidé de commencer, pendant cet été, le rappel progressif de Crète des troupes internationales par des diminutions successives, combinées de façon à effectuer l'évacuation totale de l'île dans le délai d'une année à partir de la date du départ du premier échelon, le tout sous les conditions et stipulations de la Note collective du 10-23 juillet 1906. »

28 avril 1908.

IV

PROCLAMATION DU GOUVERNEMENT PROVISOIRE AU MOMENT DU DÉPART DES CONTINGENTS INTERNATIONAUX

Concitoyens,

Maintenant qu'approche le jour fixé pour le retrait de Crète des troupes européennes et qu'est attendue également la décision des Puissances Protectrices sur la solution de notre question, il ne convient pas que vous vous laissiez troubler et agiter par les opinions variées et les plans divers relatifs à cette solution. Ne vous départissez pas de ce calme et de cette sagesse qui, depuis les neuf mois que dure le présent état de choses, n'ont pas cessé de vous guider.

Les Puissances Protectrices, qui ont pris sous leur haute protection notre patrie en y maintenant leurs troupes pendant dix ans, n'ont pas cessé d'envisager notre question dans un esprit qui ne soit pas contraire au pas pris l'an dernier, le pas dont nous avons espéré qu'il nous donnerait la solution que comportent seuls les grands sacrifices et les luttes surhumaines qu'a soutenues depuis tant d'années le peuple crétois, petit sans doute, mais plein de confiance dans la justice de sa cause.

Ce pas, nous avons cru devoir le prendre de nous-mêmes en septembre dernier sous le coup de la proclamation de l'indépendance bulgare. Nous l'avons fait, parce que notre question nationale étant beaucoup plus ancienne que celle de la Bulgarie, et nos sacrifices pour la conquête de la liberté incontestablement plus considérables, lorsque la Bulgarie s'est proclamée royaume, toute raison nous a semblé disparaître qui empêcherait la Crète de suivre cet exemple. Notre dépendance à l'égard de la Porte suzeraine n'était-elle pas théorique uniquement et purement nominale, symbolisée par un seul drapeau sur une île déserte, invisible à tout œil crétois ?

Et alors les Puissances n'ont pas comme naguère formellement désavoué notre initiative ; bien au contraire, elles l'ont tolérée. Elles n'en sont pas restées là ; mais par une note de leurs représentants auprès de nous, elles nous ont confirmé qu'elles envisageaient avec bienveillance notre question et qu'elles posaient seulement cette condition que l'ordre soit assuré ainsi que la sécurité de nos concitoyens musulmans. Tandis que ce délai nous était mis au règlement de notre question, les puissances laissèrent s'accomplir, facilitèrent même celui de la question bulgare. Nous, cependant, nous attendions le jour fixé l'année précédente pour le départ de leurs troupes, observant avec la plus grande sagesse les termes qu'elles nous avaient fixés pour ne pas démériter de leur bienveillance.

Bien que, au reste, la justice de notre cause monte jusqu'au ciel, bien que les questions préliminaires au règlement de notre sort aient reçu solution et bien que nous ayons l'assurance de la bienveillance des Puissances, nous n'en avons pas moins tenu à observer strictement les termes qu'elles nous avaient fixés comme condition à leur bienveillance.

Nous n'avons pas cru devoir douter un moment qu'une solution favorable serait donnée à notre question, d'autant plus que toutes les considérations importantes s'accordent à la conseiller ; nous ne nous sommes pas laissés agiter par des bruits et des dires absolument contraires aux intérêts de notre cause.

Pour toutes les raisons susdites, il convient que nous

continuions à conserver tout notre sang-froid et à attendre avec la même tranquillité et la même constance la sentence des grandes Puissances, confiants dans la justice de notre cause, dans la logique des choses, dans les promesses et dans la bienveillance des Puissances ; bienveillance dont nous avons eu maintes fois, jusqu'à cette heure à nous louer, bienveillance qui ne nous manquera pas dans les conjonctures présentes qui en ont été en quelque sorte l'objet.

Nous ne pensons pas nécessaire de vous rappeler que le maintien de la tranquillité et de l'ordre et la sauvegarde de nos concitoyens musulmans dans l'avenir comme dans le présent, c'est là tout notre programme politique. Pour le reste, ayons confiance en la justice de notre cause et dans la bienveillance efficace des puissances dont découlera l'heureuse solution de notre question.

A la Canée, le 4/17 juin 1909.

La commission exécutive.

Les membres :

Le président :
A. Michelidakis.

E. Venizelos, E. Logiadis,
M.-E. Petychakis,
Ch. Pologiorgis.

V

NOTES IDENTIQUES REMISES LE 30 JUIN-13 JUILLET 1909 AU GOUVERNEMENT OTTOMAN PAR LES REPRÉSENTANTS A CONSTANTINOPLE DES PUISSANCES PROTECTRICES DE LA CRÈTE

Les Gouvernements des Puissances Protectrices de l'île de Crète ont d'un commun accord arrêté les dispositions suivantes.

Les détachements des troupes internationales seront retirés le 13-26 juillet. Avant que ce retrait ne soit opéré, les quatre Puissances enverront chacune à la Sude un stationnaire et elles l'y maintiendront pour garder le pavillon impérial Ottoman et les pavillons des quatre Puissances ainsi que pour garantir la sécurité des Crétois musulmans.

Une proclamation, dont le texte est ci-joint, est adressée à la date de ce jour à la population de l'île par les Consuls généraux des quatre Puissances Protectrices à la Canée.

La présence à la Sude des stationnaires témoignera du maintien des droits suprêmes de Sa Majesté le Sultan sur l'île et de la protection des quatre Puissances.

Le présent *statu quo* ne pouvant être considéré comme une solution définitive, les gouvernements des quatre Puissances Protectrices n'en continueront pas moins de s'occuper avec bienveillance de la Crète en se réservant de saisir un moment plus opportun pour négocier avec la Sublime Porte au sujet du régime futur de l'île.

D'ordre de son Gouvernement, le soussigné a l'honneur de porter ce qui précède à la connaissance du Gouvernement impérial Ottoman.

VI

DÉCLARATION DES CONSULS GÉNÉRAUX DES PUISSANCES PROTECTRICES DE LA CRÈTE, FAITE LE 30 JUIN-13 JUILLET 1909

Les Consuls généraux de France, de la Grande-Bretagne, d'Italie et de Russie au nom de leurs gouvernements déclarent : que poursuivant l'exécution des mesures arrêtées en principe par la Note collective des Puissances protectrices du 10-23 juillet 1906 et précisées par celle adressée à M. Zaïmis le 28 avril-11 mai 1908, les Puissances opéreront le 13-26 de ce mois le retrait complet de leurs troupes, confiantes en la sagesse du peuple crétois, et qu'elles comptent sur l'énergie et la loyauté des autorités constituées pour le maintien de l'ordre public et la sécurité de la population musulmane ; qu'elles continueront à s'occuper avec bienveillance de la question crétoise ; mais qu'elles croient indispensable de ne pas laisser ignorer qu'elles ont le devoir de veiller au maintien de l'ordre et à la sécurité des Musulmans en Crète ; et qu'à cet effet elles se réservent la faculté de prendre telles dispositions qu'elles jugeront utiles pour le rétablissement de la tranquillité dans le cas où viendraient à se produire des troubles que les autorités locales seraient impuissantes à réprimer.

TABLE DES MATIÈRES

MÂCON, PROTAT FRÈRES, IMPRIMEURS.

www.ingramcontent.com/pod-product-compliance
Ingram Content Group UK Ltd.
Pitfield, Milton Keynes, MK11 3LW, UK
UKHW022039070726
13613UKWH00002B/585